組織的な不正行為の常態化メカニズム

The Normalization of Corruption in Organizations

なぜ、不正行為は止められないのか

會澤綾子 AIZAWA Ayako [著]

千倉書房

本書は、特定非営利活動法人グローバルビジネスリサーチセンター（GBRC）の
GBRC 経営図書出版助成を得て刊行された。

まえがき

　本書は企業での不正行為をテーマに取り扱ったものであり、筆者の博士論文を書籍化したものである。そのため、研究の始まりは筆者が大学院に入学した2016年に遡る。当時は、本書でも例に出すような、大企業での不正行為が取り沙汰されていた。筆者自身、過去に法務や内部統制の業務に携わっていたこともあり、様々な制度を構築した会社でも不正行為が起きてしまうことは、他人事とは思えなかった。制度の有効性と企業活動の関係について疑問を抱いたことは、第1章で述べる本書の問題意識や、第2章の倫理的指針・制度の研究につながっている。

　2016年以降は、自動車会社の燃費不正問題も発覚した。端緒となった三菱自動車が批判を免れなかったのは仕方ないが、その後、多くの会社で同種の不正行為が行われていたこともわかっている。これは、1社の問題では片づけることのできない、構造的な問題があるのではなかろうか。企業による不正行為に対し、どのような研究の蓄積がなされてきたのか。これらの疑問は、本書のレビューパートでもある第3章の不正行為に対する視点や、第4章・第6章の事例研究につながっている。

　また、研究を行う中では、様々な不正行為が存在する事実にも直面した。不正行為を立体的に捉える必要性を感じ、第5章では不祥事の分類を試みている。事例研究の第4章・第6章に挟まれた形となっているが、不祥事の分類を行ったうえで、改めて同じ事例を読み解く形となっていることをご理解いただければ有難い。

　不正行為のような事件が起きると、どうしても、誰が悪いのかと、責任を求める議論になりやすい。だが、不正行為とは、法人である企業の表面に現れる、いわば症状のようなものではないだろうか。そして、私たちの具合が悪くなった時、症状と要因は別のところに潜んでいる場合もある。不正行為という目に見える症状だけでなく、症状の陰にある潜在的な要因（いわば未病のような状

態）を探し当てることができれば、他の問題にも通ずるところがあるのではないだろうか。不正行為の研究をしていると言うと、ときに身構えられてしまうことがあるのだが、どのような会社でも共感できるところがあるはずだと考え、研究に取り組ませていただいている。

　本書を執筆している2024年までの間にも、企業による不正行為の発覚がやむことはなく、製造業では多くの検査不正が、自動車業界でも、新たな不正行為が発覚している。筆者自身、残された研究課題も感じており、道半ばの状態ではあるが、同じような問題意識を有する研究者の方々に、何らかの貢献ができることを願っている。また、研究者のみならず、本書のテーマに関心を持つ実務家の方々にも手に取っていただければ、大変光栄である。

組織的な不正行為の常態化メカニズム
―なぜ、不正行為は止められないのか―
目次

目　次

まえがき ……………………………………………………………………… iii

第 1 章

序論：なぜ不正行為が止められないのか ……………… 1

　　1．制度が整備された企業でも不正行為が発生する ……………… 3
　　2．善悪の二分法が抱える課題 ……………………………… 4
　　3．処罰されない不正行為の存在 ………………………… 6
　　4．本書の構成 …………………………………………… 7
　　5．想定する読者層 ……………………………………… 8

第 2 章

日本企業の倫理的指針・制度と制度的同型化 ……………… 11

　　1．日本企業で普及する倫理的指針・制度 ……………… 13
　　2．事例調査 ……………………………………………… 17

第 3 章

不正行為に対する視点 ……………………………………… 29

　　1．倫理的視点：非倫理的行為と捉える ………………… 31

2．合理的視点：合理的理由に基づく行為と捉える ……………… **35**

3．社会的視点：社会的行為と捉える ……………………………… **37**

4．各視点のまとめ ……………………………………………………… **48**

第4章

3つの視点から見る不正行為 …………………………… **51**

1．3つの視点の事例への適用 ……………………………………… **53**

2．《視点1》倫理的視点から見る不正行為 ……………………… **61**

3．《視点2》合理的視点から見る不正行為 ……………………… **67**

4．《視点3》社会的視点から見る不正行為 ……………………… **76**

5．3つの視点による分析の課題 …………………………………… **84**

第5章

不祥事の分類から見えてくる特性 ……………………… **89**

1．不祥事の調査 ……………………………………………………… **91**

2．調査結果から発見された2つの分類軸 ……………………… **95**

3．第三者委員会報告書が作成される不祥事 ………………… **101**

4．「組織的」、「処罰が明確でない」ことの特性 ………………… **105**

第6章

組織的な不正行為の常態化メカニズム …… 115

1．第5章からの考察 …… 117
2．燃費計測が抱える課題 …… 124
3．技術者の視点 …… 131
4．組織が直面した課題 …… 134

第7章

結論 …… 143

1．用語の定義と各章のまとめ …… 145
2．組織的な不正行為の常態化 …… 152
3．不正行為のエスカレーション問題 …… 158

あとがき …… 169
初出一覧 …… 173
参考文献 …… 175
事項索引 …… 191

第 1 章　序論：
なぜ不正行為が止められないのか

概要

　第1章では、本書の問題意識を述べる。不正行為を抑止するために最も想定される対策が、制度を整備することである。事実、企業内では様々な制度が構築され、日々、運用されている。一方で、様々な制度が構築されている大企業、巨大組織でも、不正行為は発生している。また、不正行為は、不正と名が付くとおり、道を外れた行為であると考えられ、発覚すれば、社会的に大問題となる。その一方で、組織内の者たちは不正行為を不正行為と思わず、当たり前のように行っていた、と報道されることもある。そこには、単純に「不正」という言葉だけで片付けられない問題が潜んでいる。

　第1章では、制度が整備された企業でも不正行為が発生し、時に行為者が粛々と行ってしまう可能性のある不正行為に対し、「白黒」付けられない課題があるのではないかと問題提起する。だからこそ、不正行為が止められず、長期的に継続してしまうのではないか、と考える。第1章は、このような本書全体を通ずる問題意識を述べたうえで、本書の構成および想定する読者層を記している。

1. 制度が整備された企業でも不正行為が発生する

　本書は、企業による不正行為が発生するメカニズムについて考察するものである。その根底には、不正行為に対する様々な抑止策または発見制度が整備されている先進的な企業においても、「なぜ、不正行為が止められないのか」ということに関する、強い疑問がある。

　日本では、2000年代の初頭からコンプライアンス制度が急速に普及し、2006年5月1日には、商法から独立した会社法が施行された。会社法の中では大会社⁽¹⁾に対し、内部統制システムの構築が義務付けられ、さらに、2007年9月30日に証券取引法から改題された金融商品取引法では、2009年3月期の本決算から、上場企業は内部統制報告書を提出することが義務付けられるようになった（國廣・小澤・五味, 2007；高橋, 2016, p.145）。

　2010年代に入ると、コーポレート・ガバナンスの議論も注目される。特に上場会社においては、2015年に東京証券取引所がコーポレート・ガバナンス・コードを制定した影響も大きい。その後の改訂も進み、独立社外取締役の義務化に代表されるように、対応すべき事項は増え、組織内ではさらなる制度が整備され、専門部門が創設されるようになっている例も見られる。

　また、企業内では、内部統制報告制度やコーポレート・ガバナンスの発展と呼応するように、内部監査の機能も拡充されている。企業によっては、大規模な内部監査部門を抱えることも少なくない。内部監査部門は独立した存在として権能を与えられ、社内または社外監査役等とも協力しながら、社内の幅広い業務活動を定期的に監査している。

　だが、例えば、2015年に不正会計問題を起こした東芝は、これらの充実した制度を有するとして有名な企業であり、コンプライアンス制度においては、日本でコンプライアンス制度が普及する以前から制度を導入していた、先駆けの企業でもあったが、それでも不正行為を防ぐことができなかった（東芝, 2015）。

　これは、決して、東芝が特別なわけではない。東芝の問題以降も、様々な抑止・発見制度を整備されているであろう企業でも、不正行為を防げていないの

である。2016年以降、自動車業界の多くの企業では、燃費不正問題が発覚した。2020年以降には、ジェネリック医薬品での大規模な検査不正問題が明るみとなった。日本企業が強みとしてきた製造業の検査体制に関わる問題でも、不正行為が多発しているのである。しかも、これらに共通することとして、「業界の複数の企業で」、「抑止・発見されることがないまま」、「長期化していた」という特徴がある。

　冒頭にもつながるが、様々な抑止・発見制度が整備された企業であっても、「なぜ、不正行為が止められないのか」そして、「なぜ、その不正行為は、長期的に継続するのか」ということが本書の筆者の問題意識である。そこには、単なる不正行為ではない、私たちが見落としていることがあるのではないだろうか。そして、これまでの不正行為に関するアプローチは、この問題意識に対する十分な答えを用意できていないとも考える。

2．善悪の二分法が抱える課題

　不正行為を研究する際に、倫理的な側面から物事を考えるのは自然なことである。経営学にも企業倫理論（business ethics）がある。企業倫理にも様々な見方があるが、従来、主流であるともされているのは、理論的規範主義である。理論的規範主義（Clegg, Kornberger & Rhodes, 2007）とは、「もののいかにあるべきかを論じ、そこから出てくる当為を指令し、現実をあるべき姿へと導くルールや原則と考える」（鈴木・角野, 2000）ものである。

　企業倫理は、倫理学の中でも行為や判断のあるべき姿の考察である、規範倫理学の流れを汲むとされており（梅津, 2002）、理論的規範主義はその流れと通底している。規範倫理学とは、英語では「normative ethics」というもので、「倫理的価値判断に関して、その判断の根拠となる基準を検討する学問領域」であり、その基準が規範と呼ばれる（田中, 2012, p.vii）[2]。規範とは、明確な規則の形をとることもあれば、より根本的な原理から導出されることもあるとする。原理については、「正（rightness）」、「善（goodness）」等の価値概念をめ

ぐって議論が展開されることが多い。

　企業倫理の考えはもちろん、世の中にも、企業現場にも浸透している。企業倫理を大事にしていない企業はないだろう。「善」とされないこと、「悪」である行為をしてはいけないのは当然であり、筆者もそこに反論することはしない。だが、果たして、企業で行われるあらゆる不正行為に対し、「善悪」つまり、「白黒」をつけることは、本当に現実的なことなのだろうか、という疑問は抱く。例えば、次の発言を見てほしい。

　「社内調査で私自身、（燃費不正を起こした）何人もの社員にインタビューをしました。そこで「ああ、そうか」と思ったのは、ある社員にこう言われた時です。「益子さんは、先輩から『これ（燃費の測定方法）はこういうふうにやるんだぞ』と言われて、『それは本当に法規に適合したやり方ですか？間違ってないですか？』と指摘できますか？」と。
　確かに、先輩にこうするんだと教えられたら普通は聞き返しません。まさか先輩が法規に反したやり方を教えるなんて思わないですから。法規に反したやり方を最初に始めた人がいなければ、この問題は起きていなかったでしょう。当時の人はもう会社にいませんから、どうしてそんなことをしたのか聞くこともできませんでした。」

　これは、三菱自動車での燃費不正問題について振り返った益子代表取締役社長[3]へのインタビュー（池松, 2017）から抜粋したものである。この発言から見て取れることは、燃費不正行為を行った行為者は、不正行為の最初の着手者ではなく、先輩の教えに従っただけであり、自分が「悪い行為をしている」という意識はなかったとも考えられる。組織では、仕事を先輩から教わることが慣例的に行われる。特に技術者においては、師弟関係のように技術が伝承されていくため、先輩から教わったことを行うのは当たり前である。その先輩もまた、自分の先人から、その方法を教わったのかもしれない。そしてこの場合、先輩や先人の教えが「正」、「善」であり、その教えに背く方が逸脱行為であり、「悪いこと」だとさえ感じるかもしれない。

つまり、理論的規範主義の基準に則れば、不正行為は、「正」、「善」という基準から逸脱した行為であるとされるのだろうが、企業で行われる不正行為には、そのような二分法では理解できない問題が含まれている可能性があるのではないだろうか。

3．処罰されない不正行為の存在

　企業の不正行為が「白黒」つけられない課題をはらんでいることは、不正行為の結果から見てもわかる。実は、社会問題として取り沙汰されたような不正行為であっても、結果的には、誰も逮捕されず、処罰もなされていないという事案が存在するからである。例えば、2015年に不正会計が発覚した東芝（東芝，2015）では、誰も刑事責任は問われず、その後、2021年に刑事事件としての公訴時効を迎え、すでに刑事責任を問うことはできなくなっている（日本経済新聞，2021）。

　また、不正行為の被害を被っているはずの相手方から「不正行為だが問題はない」と被害を否定されるような例もある。2017年に神戸製鋼はグループ内企業の多くでデータ改ざんを行っていたことが問題となった。顧客と合意した水準に満たない製品を長年にわたって供給していたとされ、契約不履行にあたるはずの問題であるが、当の取引先の1つであるJR東海は記者会見まで開き、「安全性に問題ない」と発表した（長尾，2017：産経新聞，2017）。神戸製鋼は、データ改ざんに基づく虚偽記載をしていたとして、不正競争防止法違反を問われ、罰金1億円を支払うような判決は出ているが（日本経済新聞，2019）、逮捕者は出ていない。

　不正行為が二分法の「悪」であるならば、「善」からの逸脱行為である不正行為は処罰されることで正されるべきである。そうされないのはなぜなのか。そこに問題の本質があるのではないか。そして、二分法のような立場では、その問題の可能性すら考慮されないことになってしまう。

　本書は、様々な抑止・発見制度が整備されている企業でも「なぜ、不正行為

を止められないのか」そして、「なぜ、その不正行為は長期的に継続するのか」という問題に対し、既存理論を含む、様々な視点からアプローチしていくものである。実は、この2つの問題は、共通のメカニズムに行きつく。

4．本書の構成

　ここまでで述べた問題意識に対し、本書は本章を含む7つの章から構成される。

　まず、第2章では、倫理的指針・制度の観点から、不正行為を考察する。なぜなら、問題意識で述べたように、様々な抑止・発見制度が整備された企業であっても、不正行為は依然として発生し続けている現状がある。なぜ防ぐことができてないのか、倫理的指針・制度が普及しながらも、なぜ有効に機能してないように見えるのか、ということを確認していく必要があるからである。第2章は多様な業種・規模の8社の企業への半構造化インタビューおよび公刊資料に基づく定性分析である。

　結論を先取りすれば、第2章の考察の結果、倫理的指針・制度を導入していても、防止することが困難な不正行為があることが判明する。つまり、一口に不正行為といっても、その内容は様々なものがあり、場合によっては制度整備を怠っていなくとも、発見・抑止できず、結果として不祥事[4]として明るみに出てくるということがあるのである。

　では、様々な内容があると思われる不正行為に対し、これまでの研究上では、どのようなアプローチがなされてきたのか。第3章は、本書における先行研究の位置づけとなる章であり、不正行為に対するこれまでの主だった理論的視座を確認している。実は、不正行為に関しては、経営学に留まらず、様々な分野からのアプローチがなされている。第3章では不正行為に対するこれまでの研究群を、大きく3つの視点（倫理的視点・合理的視点・社会的視点）に整理し、どのような特徴があるかを記している。

　そして、第4章では、これら3つの視点を、実際に発生した不正行為の事例

にあてはめて、それぞれの視点が説明力を有するのか考察している。題材とする不正行為は、自動車業界で発生した燃費不正問題である。燃費不正問題は、市場の多数の企業で、長期的に行われていた問題であり、2016年以降に次々と発覚した。また、いずれの企業も上場会社であり、倫理的指針・制度を整備しながらも、抑止することが困難であったと推察されるものである。燃費不正問題が発生した企業のうち、過去の経緯からも様々な倫理的指針・制度を導入してきた、三菱自動車を題材とした定性分析を行っている。

しかしながら、第3章で整理した3つの視点はいずれも第4章において説明力を十分には有さなかったため、次の第5章では、やや別のアプローチから不正行為を分析する。燃費不正行為に類するような不正行為に、何か特徴があるのではないか、との考えからである。よって、第5章では、世の中で発生する不正行為を収集することで、その特徴を探しあてる試みを行っている。定量的な分析であり、分析の結果からは、燃費不正行為のような不正行為に関する、ある2つの特徴が浮かび上がる。

そして、第6章にて、再び三菱自動車の事例に立ち戻り、第5章で見出した特徴に従い、不正行為が常態化していったメカニズムについて考察するのである。なお、結論を述べる第7章は、各章のまとめをするだけでなく、本書の考察の結果に基づき、不正行為を議論するうえで重要な用語の再定義も行っている。

全体の流れは、**図1-1**に示すとおりである。

5．想定する読者層

本書は企業の不正行為を対象とした研究内容であり、最初に想定する読者層は、類似のテーマに興味・関心を抱く研究者の方々である。組織論等の経営学の視点から不正行為にアプローチする方々はもちろん、ガバナンスや法学等、隣接分野に関わる方々にも手に取ってもらうことができれば、大変ありがたいと思っている。また、不正行為ではなくとも、規則からの逸脱行為によって、

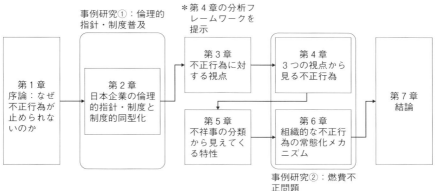

出所：筆者作成

失敗や事故が起きてしまうこともある。組織における失敗や事故に着目している方々にとっても、何らかの共通点があるのではないかと考えている。

また、本書は主に、不正行為がなぜ起きるのか、という発生事象に着目した内容となっているが、不正行為をどうすれば防止・抑止できるのかという、リスクマネジメント視点をお持ちの方にも、手に取ってもらうことができれば幸甚である。不正行為が起きないのはもちろん、どうすれば防止・抑止できるのかということを達成できなければ、実務的な貢献は十分ではないからだ。筆者も、もちろんこれから取り組んでいく分野であるが、仕組みに対する理解を深めることで、防止・抑止への何らかの貢献ができていれば、大変うれしいことである。

本書は、筆者の研究成果をまとめたものではあるが、できるだけ実務の方々にも伝わりやすい内容であることを願って記している。読みやすいと感じた章、興味を持った箇所からでも、目を通していただき、ほんの少しでも力になることができれば、研究者としてこんなに光栄なことはない。法務・コンプライアンス業務に関わる方々はもちろん、マネジメント層の方々や、事業部門の方々にも、身近な問題として、本書が手に届くことを願っている。

（1）大会社とは、資本金5億円以上または負債200億円以上の企業である。
（2）本書で使用する「規範」という用語の定義については、第7章の第1節「1‐1．本書が示す重要な用語の定義」で行っている。
（3）益子の役職はインタビューが行われた当時のものである。
（4）本書で使用する「不祥事」、「不正行為」という用語の定義については、第7章の第1節「1‐1．本書が示す重要な用語の定義」で行っている。

第 **2** 章　日本企業の倫理的指針・制度と
制度的同型化

概要

　第1章では、本書の問題意識として「1．制度が整備された企業でも不正行為が発生する」、「2．善悪の二分法が抱える課題」、「3．処罰されない不正行為の存在」と3つの疑問を述べた。研究の初めとなる本章では、不正行為と制度の関係に着目して考察を行っていく。

　不正行為に関する倫理的指針・制度は多岐にわたるが、本章では代表的制度として、コンプライアンス制度を中心に考察している。コンプライアンス制度は、法律によって明確に定められたわけではないにもかかわらず、企業現場に広く普及しており、不正行為が発覚すれば、企業内のコンプライアンス制度はどうなっていたのか、と問われることも非常に多い。代表的制度と考えられるコンプライアンス制度を軸として、多様な業種・規模の8社の企業への半構造化インタビューおよび公刊資料に基づく定性分析を行っていく。

1．日本企業で普及する倫理的指針・制度

◉——1-1．様々な倫理的指針・制度の存在

　日本企業では、2000年代の初頭から、不正行為の抑止・発見に関係する様々な倫理的指針・制度が普及している。

　代表的なのがコンプライアンス制度[1]である。日本のコンプライアンス制度は、米国と異なり、明確な根拠法があるわけではないが[2]、不正行為を防止するために構築されている。ビジネスの現場では、法令違反だけでなく、幅広い問題を抑止するため、広い意味で用いられていることもある。もちろん、コンプライアンス制度以外にも、不正行為を抑止・防止するためには、隣接した制度があり、すべてではないがその一部を示せば、以下のとおりである（**表2-1**）。

　コンプライアンス制度以外は、根拠法が明確に、または実質的に整備されていることが特徴である。逆に言えば、コンプライアンス制度は、明確な根拠法がないながらも、不正行為を防止するために構築され、今では広く浸透している。

◉——1-2．日本におけるコンプライアンス制度の普及状況

　では、日本のコンプライアンス制度は、いつからこんなにも普及してきたのか確認したい（Aizawa, 2018a）。日本でコンプライアンスという言葉が初めて登場したのは、米国で連邦量刑ガイドラインが定められる少し前にさかのぼる1987年だと考えられる。当時は冷戦時代であり、共産圏への技術流出を防止する観点から、対共産圏輸出統制委員会（通称COCOM）により輸出統制が行われていた。しかしながらこの年に東芝の子会社である東芝機械が共産圏に工作機械を輸出してしまい、COCOM違反として国際問題となった（読売新聞,

表2-1	不正行為の抑止に関係する制度例
内部統制制度	会社法および金融商品取引法によって定められる。会社法では大企業が、金融商品取引法では上場会社が対象となる。金融商品取引法の規制は米国のSOX法に基づくため、J-SOXと呼ばれている。財務報告の信頼性を目的としたものだが、その内容は多岐にわたるため、全社統制はコンプライアンス制度と類似するものも多い[注]。
内部監査制度	直接法令で定められるものではないが、大企業に関しては会社法による「業務の適正を確保するための体制の整備（会社法第362条第4項第6号）」や、金融商品取引法での内部統制報告書を提出するための評価等（金融商品取引法第24条）、業務が適正に行われていることを確保するために必要になる。
コーポレート・ガバナンス	ガバナンス、または企業統治という用語が使用されるようになってから久しいが、現在は投資家との関係で議論されることが多い。2015年に制定されたコーポレート・ガバナンス・コードの影響が大きく、当該コードは2024年現在も改訂を続けている。

出所：筆者作成
　注：J-SOXは「全社統制」、「財務統制」、「業務プロセス統制」、「IT統制」の4つから構成される

1987a)。ココム事件と言われているものである。そして東芝はこの件の記者会見を行った際に、ココム事件を未然に防止するために、東芝グループ全体に適用する「コンプライアンス・プログラム（法令遵守手続き規定）[3]」をまとめると発表したのだ（読売新聞, 1987b）。

　また、同発表においては、このコンプライアンス・プログラムの策定にあたっては、米国系の監査法人であるプライス・ウォーターハウスとの関わりが示唆されている。米国でコンプライアンス・プログラムが法制化されたのは、1991年だが、その直前に、日本でも米国から輸入されたと思われるコンプライアンス・プログラムが登場したのである。もとの米国でも同様に、不正行為防止対策の一環として、「コンプライアンス・プログラム」というものが法令で定められるなどし、一般的になっていった（小坂, 1999a; 1999b）。

　しかしながら、そのままコンプライアンスという企業活動が日本に定着したかと言うとそうではない。図2-1は、1980年代から2010年代にかけて、日経新聞、朝日新聞および読売新聞の三紙にコンプライアンスという言葉が登場した件数をまとめたものである。ココム事件が発生した1987年、東芝のコンプライアンス・プログラムという言葉が新聞に登場したことがうかがえるが、直後

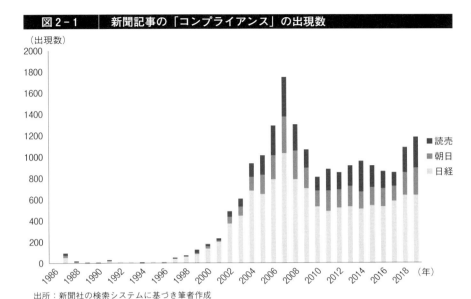

図2-1　新聞記事の「コンプライアンス」の出現数

出所：新聞社の検索システムに基づき筆者作成

には減少し、その後は特に伸びを見せるわけではない。何件か登場した例もあるが、そのほとんどは医療系の記事で使われているものであり、企業活動との関係性は特段見られなかった。ところが、1990年代後半から、コンプライアンスという言葉が格段に登場するようになり、2007年をピークに出現数が急増していくことを明らかにしている。

コンプライアンス制度の普及に関しては、日本経済団体連合会（経団連）[4]が、2003年、2005年、2008年と会員企業に向けて実施した「企業倫理への取り組みに関するアンケート」もある。経団連は、働き方改革や女性登用に関する指針等、日本企業がベンチマークとする指針を多数発表する、非常に影響力の高い団体である。

経団連が実施したアンケートの結果（日本経済団体連合会, 2003; 2005; 2008）を確認すると、2003年時には「企業倫理・企業行動指針の策定」に策定済みと答えた企業が79.1％であったところ、2008年時には97.6％と増加している。同様に、2003年時には「企業倫理委員会の設置」について、設置済みが50.4％であったところ、2008年時には83.3％と増加している。その他の質問でも、2008

表2-2	経団連会員企業の倫理的制度導入状況			
		2003	2005	2008
調査対象（日本経団連会員企業）		1,260社	1,558社	1,337社
実施期間		2002年12月10日～ 3月31日	2005年8月22日～ 10月31日	2007年10月15日～ 11月16日
回答数／回答率		回答数613社／ 回収率48.7%	回答数524社／ 回答率33.6%	回答数593社／ 回答率44.35%
企業倫理・企業 行動指針の策定	策定済み	79.1%	83.0%	97.6%
企業倫理担当 役員の任命	任命している	53.0%	77.4%	78.9%
企業倫理委員会 の設置	すでに設置して いる	50.4%	83.6%	83.3%
企業倫理担当 部署の設置	専門部署を 設置している	24.3%	83.6%	該当質問項目 なし
企業倫理ヘルプ ラインの設置	設置済	51.2%	72.4%	96.6%

出所：経団連アンケート結果に基づき筆者作成

年時は、企業倫理に関する制度が80％から90％、導入、設置済みとの回答で
あった（表2-2）。

　回答企業は経団連加入企業であるゆえに大企業中心ではあるが、この結果か
らは、2000年代前半において、企業で急速に倫理的指針・制度の導入が進展し
ていることが確認できる。

　日本企業の多くは、倫理的指針・制度としてコンプライアンス制度[5]を構築、
運用しているはずだが、実際の企業現場ではどのような組織活動が始まってい
たのだろうか。

2．事例調査

◉──2-1．事例調査の概要／8社へのインタビュー

　本節では、多様な8社の企業への半構造化インタビューおよび公刊資料に基づき、その活動を読み解いていく。調査の対象となった企業は、主に『月刊監査協会』に自社のコンプライアンス活動を投稿している企業から抽出し、また過去に不祥事が報道されている企業3社をそこに加えた。各企業は業種、規模ともに様々であり、インタビュー当時、8社のうち、C社はB社の、E社はD社の完全子会社である。

　また、インタビューの主な質問項目は「自社およびグループ内でのコンプライアンス活動（共通施策、取り組み内容）」、「実施している研修などの概要」、「これまでのコンプライアンス活動の歴史、経緯」、「隣接部門（内部統制、内部監査）との取り組み」等である。不祥事が報道されている企業については、「事件の振り返り」、「事件前後でのコンプライアンス活動の変化」についても確認している。

　インタビューは、2017年4月から2018年11月にかけて行い、インタビュー対象者は、現在または過去にコンプライアンス関連部門の長としての経験を有し、当該企業のコンプライアンス制度導入の歴史等について知りうる者を選任している。

◉──2-2．コンプライアンス制度の普及と制度的同型化

　調査結果によれば、各企業は業種、規模ともに様々でありながらも、倫理的指針・制度としてコンプライアンス制度を導入しており、その導入時期はいずれも2000年前後であったことがわかった（表2-3）。また、その中身は、規程の整備、コンプライアンス委員会の設置、専門部門の設置等、「型」とも言わ

表2-3	コンプライアンス制度の導入時期			
	事業	主たる顧客	従業員数	導入時期
A社	食品メーカー	BtoC	約2,000人	2002年頃
B社	重工業	BtoB	約12,000人	2003年頃
C社	重工業	BtoB	約400人	2003年頃
D社	食品メーカー	BtoC	約40,000人	2000年
E社	流通業	BtoB	約4,000人	2000年
F社	食品メーカー	BtoC	約5,000人	2000年
G社	製造業	BtoC	約31,000人	2002年頃
H社	精密機器	BtoB	約36,000人	2000年

出所：筆者作成

れるものがあり、この点はどの企業も変わりがなかった。調査対象企業のコンプライアンス制度の概要については、本章末尾に**参考資料1**（各企業のコンプライアンス制度と組織活動）および**参考資料2**（各企業の組織活動の段階）をつけている。

　そして、調査の過程では、コンプライアンス制度の普及に関し、4つの事実が確認できた。

（1）経団連の活動

　一点目は、アンケートを実施した経団連の活動である。経団連は、1990年代より企業倫理に関する活動を始め、1991年に「経団連企業行動憲章[6]」を発表している（日本経済団体連合会, 1991; 日本経済新聞, 1991）。企業行動憲章が制定されてから約10年後の2000年は、有名企業の不祥事が相次いで発生、社会問題として取り沙汰されるようになった。これらの事態を重く見た経団連は、企業行動憲章に付随する「実行の手引き（第三版）[7]」や「企業不祥事防止への取り組み強化について」を発行したのである（日本経済新聞, 2002; 日本経済団体連合会, 2002a; 2002b）[8]。

　「実行の手引き（第三版）」では、企業行動憲章第9条に関連して「関係部門を中心に、コンプライアンス（法令遵守）のための個別分野のマニュアル（独禁法遵守、企業秘密の保護、環境保護等）を整備すると共に、周知徹底を図るた

め、説明会・研修を定期的に実施する」と、コンプライアンスという用語が明確に使用されるようになった。

そして、「関係部門を中心に、コンプライアンス（法令遵守）のための個別分野マニュアル（独禁法遵守、企業秘密の保護、環境保護等）を整備するとともに、その周知徹底を図るため、説明会・研修を定期的に実施する」とのアクションプランが推奨されている。

また、「会員企業による企業行動自己診断の推進」として、自社でコンプライアンスに関するアンケート等の自主点検を行うことが推奨され、「不祥事を起した企業に対する日本経団連の措置の明確化・厳格化」が宣言され、不祥事が公になれば、会員資格の停止、退会の勧告、除名等の可能性があることが示唆されたことも大きな特徴であろう。

（2）政府の活動

二点目は政府の活動である。2001年10月5日に国民生活審議会が自主行動基準検討委員会を発足させ、消費者と事業者の関係のあり方において、事業者が守るべき指針の策定検討が開始された。国民生活審議会とは内閣府の諮問機関であり、現在は消費者庁に付随する行政機関の1つである。

委員会の委員には、経団連で「企業行動憲章」を検討していた経済法規委員会消費者法部会長も名を連ねていた。つまり、経団連の動きと政府による動きは同時期に密接に関係していたと考えられる。国民生活審議会は、2002年12月に「消費者に信頼される事業者となるために―自主行動基準の指針―」と題する自主行動基準を発表した（国民生活審議会消費者政策部会, 2002）。経団連が「実行の手引き」を改定し力を入れ始めたのが2002年の10月であるから、やはりほぼ同時期といってよいであろう。

（3）外部団体の活動

三点目は外部団体の活動である。企業は外部情報を吸収するために各種外部研修や外部団体に参画し、他社との情報交換を行っている。例えば、一般社団

法人経営倫理実践研究センター（以下「BERC」）は、1997年に発足した団体であり、2009年に一般社団法人化された。日本経営倫理学会およびNPO法人日本経営倫理士協会の協力のもと運営され、企業の経営倫理を実践、研究することを目的としている。会員企業は160社を超え、部会、研究会等を開催し、経営倫理の研究者も参画している。

　企業の担当者は勉強会やセミナーに参加し、自社が取り組んでいる内容を共有することや、他社の取り組みを教えてもらう機会もあり、モデル企業のケース・スタディをすることもある。昨今では、コンプライアンスはCSRやSDGs等の分野にまで広がりを見せ、潮流を追う必要にも迫られていることから、企業担当者は、BERCに限らず外部団体等の情報提供がある場面には積極的に参加している。

（4）法制度の強化

　そして４つ目が法制度である。**表2-2**のアンケート結果によれば、2008年時点、ほぼ100％に近い企業が企業倫理・企業行動指針の策定を行っているが、この直前には、企業への法制度も大きく変化した。2006年５月１日には、商法から独立した会社法が施行され、会社法の中では大会社に対し、内部統制システムの構築が義務付けられた。さらに、2007年９月30日に証券取引法から改題された金融商品取引法では、2009年３月期の本決算から、上場企業は内部統制報告書を提出することが義務付けられるようになった（國廣・小澤・五味, 2007; 高橋, 2016）。

　内部統制とコンプライアンスは、専門的視点からは異なるものだと定義されることもあるが、多くの企業では一体として取り扱われている。そのため、内部統制の整備は、倫理的指針・制度の代表格であるコンプライアンス制度の導入にも影響を与えたと思われる[9]。

　つまり、本項2-2での確認事項をまとめれば、日本企業の倫理的指針・制度であるコンプライアンス制度は、経団連や政府の推進、外部専門組織の発展、企業間の交流、法制度の強化等を要因とした、制度的同型化（DiMaggio &

Powell, 1983）により普及が進んだことが指摘できる。

制度的同型化には、依存している組織からの圧力や、社会の中での文化的期待等、公式、非公式を問わず外部からの圧力で同型化する強制的同型化（competitive isomorphism）、目的をはっきり認識できない、理解できないという不確実性から、より正統的あるいはより成功していると考える他の組織を模倣して同型化していく模倣的同型化（mimetic isomorphism）、主に職業的専門化に起因し、フィールドにおいて特定の職業等の専門化が進むことにより、型が生まれ、その型に従って同型化が推進されていく規範的同型化（normative isomorphism）がある。なお、ここで肝要なことは、制度的同型化といっても、あくまで型を真似るものであり、組織活動まで同質的になるとは限らないと言われていることである（Meyer & Rowan, 1977）[10]。

事実、調査対象企業においても、同じような型のもと、不祥事後に組織活動を変化、発展させている例が見られた。そして、それでも止められない不正行為があることも同時にわかっている。

◉── 2-3．不祥事後に発展する組織活動

コンプライアンス制度を導入していた調査対象企業では、残念ながら、いくつかの不祥事が起きている。調査対象企業において認識されている不祥事は、B社、D社、F社、G社、H社の5社のべ7件である[11]。B社は2011年に談合が、D社は2008年に取引先起因による商品事故が、F社は2000年に自社工場起因による商品事故および2002年に品質不正問題が発生している。G社は、2000年、2002年に品質瑕疵の隠蔽問題があり、2016年には検査不正が問題となった。H社においては、2011年に不正会計が発覚した。

そして、各社とも、不祥事が発生した後に、何らかの手立てを行おうとする事実があり、その対応方針は不祥事の性質に従い、3つに分類された。

(1) D社およびF社／商品事故《制度整備型》

1つ目は、D社で2008年、F社で2000年に起きた商品事故後の対応である。

D社では、2008年、外部取引先の不正行為を起因とした商品事故が発生した。これは外部取引先の悪意ある行為者による混入事件であり、D社にとっては外部リスクを排除することが目的となった。当時のD社は、M&Aにより事業も多様化し連結子会社数も増加していたことから、グループのコンプライアンス制度を拡充し、リスク管理を行う方向へと制度を拡充する動きとなった。D社によれば「積極的に事業拡大を展開していく中では、新たな事業や子会社を管理する、グループとしてのマネジメントの重要性も増すことになる」、よって、「大規模、複数事業のコンプライアンス体制を維持するため、ピラミッド型のコンプライアンスの責任体制をしいている」とのことであった。

F社の2000年の商品事故でも、組織内（工場内）が要因ではあったものの、過失により発生したものであるため、予期しないインシデントの防止を図ろうと、当時普及していたコンプライアンス制度を整備する方向へと発展した。D社および2000年時のF社の方向性は、外部または内部の予期しないインシデントの防止であり、コンプライアンス制度を拡充および整備し、組織の殻を厚くすることで防止を図るという点で、制度志向的であったと言える。実は、F社では再度の不祥事が起きるのだが、この点、「2000年の事件後もコンプライアンス活動は行っていたが、2002年以降の活動と比べると、やはり異なるところがある」と振り返っている。

(2) B社 / 談合、G社 / 品質瑕疵の隠蔽、H社 / 不正会計《不正行為排除型》

2つ目は、B社の談合、G社の2000年 / 2002年の品質瑕疵の隠蔽、H社の不正会計である。いずれも、販売権の獲得、商品事故の隠蔽、粉飾決算等、一定の目的のために意図的に組織内で発生した不正行為に該当する。談合は法律で明確に禁じられており刑事罰もあり、G社の品質瑕疵の隠蔽は行政への報告を意図的に改竄する行為であった。不正会計は様々なパターンがあるが、H社の場合、財務部門による意図的な会計操作が行われていた。これらのケースで想定されたのは、組織内の「悪意ある不正行為者」である。よって、当該不正行為を個別に防止、規範的対応に終始するような意識となった。

B社であれば社長から営業部門に対し、「コンプライアンス違反をしてまで仕事をとらなくてよい」とのメッセージが伝えられることになった。「トップのメッセージが社員に与える影響は非常に大きい」と捉えられている。また、G社では品質管理に関する個別委員会の設置等を行い、倫理的意識を高めるよう従業員に求める動きとなった。「品質の専任部門はなかったのだが、品質統括本部を設けた。ユニークなところは、監査部門も2つに分けたところである。通常の監査部門とは別に、品質監査を目的とした部門をつくった」との趣旨である。H社であれば、財務部門の特殊問題であると認識し、会計処理におけるステイクホルダーの監視を強めるため、ガバナンスの強化へと発展し、法律専門家を社外取締役として任命、コンプライアンス委員会の長に据えた。

（3）F社／品質不正、G社／検査不正《小集団活動実施型》

　ただし、制度整備型の対応をしていたF社、不正行為排除型の対応をしていたG社では、その後も不祥事が起きている。F社では、グループ企業において、取引先企業も巻き込んだ組織的な品質不正問題があり、内部告発により発覚した。G社でも、提携先の企業から検査方法が不正なのではないかという疑いをかけられ、調査の結果、長年ある部門で不正な方法で検査を行っていたことが発覚した。いずれも上長も認識していた、組織的な不正行為であった。

　この二社は、いずれもBtoC事業が中心であったため、連続した不祥事が発生したことに世論も非常に厳しくなり、業績が悪化、経営体制が大幅に変更する事態にも見舞われることになった。例えばF社では、「2000年の事件の際は、取引先などの周囲からも「気の毒だった」と同情的な意見をもらっていたが、2002年の事件の時はそのような雰囲気も一切なかった」とのことである。G社でも、監督官庁とのやり取りから、綿密な再発防止策が求められた。それまでの組織活動では不正行為が防げていなかったという認識から、外部役員等が主導し、新たな組織活動として、不祥事を起こしたことの全社的な振り返りの活動や、現場でのインタラクティブな小集団活動等、第三段階の活動を重視して行うようになった。その中の1つとして「失敗から学ぶということを入れた」ということであった。

F社では、年に2回社員が集まり、当時の社員がなぜ不正行為を行ってしまったのか話し、事件を語り継ぐ場を設けている。「現在まで続いている活動のほとんども2002年の事件後以降に形成されたものである」とのことであり、「同じ職場とは言っても、明確な業務分担がされている状況では、いざ膝を突き合わせて話し合う機会は意外と少ない」、「法令や社内規程の条文でこうだとは言い表せない部分がある、書き表せない部分があるため、わからないところを話し合う必要がある」と考えられている。G社においても、不正行為が発生した部門が主体となって、過去の不祥事が報道されたニュースや、お客様からの実際のクレーム等をまとめたビデオを作成、全社員が確認するような場を設けるようになった。過去の問題を知る定年退職者を迎え入れ、事件を語り継ぐような役割も担わせている。

ただし、いずれの企業においても、このような負の過去を振り返ることについての社内の反対意見は根強く、縮小の危機にも常に直面している。F社では、「事件をそこまで振り返る必要があるか、かえって誹謗中傷などのネガティブな意見が出てしまうのではないか」との懸念が一部出ている。G社は、「自社だけでは『ここまでやらなくてもよい』など色々な意見が出てしまう」とし、提携先の外部企業および外部役員からの影響を示唆していた。

●── 2-4．止められない組織的な不正行為

本章からは2つのことが指摘できる。

1つ目は、日本企業のコンプライアンス制度は、経済界および政府の活動等に基づく、制度的同型化の影響下で普及したと考えられることである。制度的同型化の影響下のもと、企業のコンプライアンス制度は、規程の整備、コンプライアンス委員会の設置、専門部門の設置等、「型」とも言われるものがあり、この点は、どの企業も変わりがなく同型化していた。ただし、その型の元で実施される組織活動を確認すれば、そこには多様性が存在しており、制度構築を意図した第一段階、教育、研修が主たる活動となる第二段階、事業現場が主体となった第三段階の活動に分類される。

そして2つ目として、同型化した型の元、不祥事に直面した企業は、組織活

動を変化させている。だが、それでも、止めることが難しい不正行為があることである。再び不祥事が発生していた企業は2社ある。1社は、過去の不祥事は事故であったため、制度整備型の活動を行っていた。もう1社は、過去の不祥事は意図的な不正行為であったため、不正行為排除型の活動を行っていた。いずれの企業も、再び不祥事が発覚した。

　2社で再び発覚した不祥事には共通項がある。それは、いずれも、同様の不正行為が業界内の他企業で発生しており、いわば業界内で慣習的に行われていたと思われる行為であることである。また、一人、二人がひっそりと行う隠密的な行為ではなく、組織内で継承され、認められているような、組織的な不正行為に該当するものであったことである[12]。業界内で広く行われていたことからもわかるとおり、それ以前に起きた事故や意図的な不正行為とは異なり、当人たちには不正行為であると認識しづらかった可能性もある。

　本章で考察した事例は、組織で継承されるような組織的な不正行為については、市場で普及する制度を整備することや、意図的な不正行為の排除を目的とした活動を行うことでは、止めることが難しいということを意味している。いずれの企業も、経営体制の変更、外部役員の就任等のもと、さらに組織活動を変化させ、現場の小集団活動へと組織活動を発展させながら、不正行為の撲滅に励んでいる。

　次章では、本章で確認した日本企業の現状を踏まえたうえで、不正行為に対する先行研究を広く狩猟していく。

(1) コンプライアンス制度（英語ではコンプライアンス・プログラムと示されることが多い）は、組織の一種の管理システムとして定義されており、その目的は「倫理および法令遵守の領域内での従業員の行動の標準化」であるとされる（Weaver et al., 1999, pp.539-540）。

(2) 米国では、1991年の連邦量刑ガイドライン（The Federal Sentencing Guidelines for Organizations）の改正で、それまで個人を対象としていたこのガイドラインに最終第8章が追加され、組織も対象となることが決定された。改正の特徴は、コンプライアンス・プログラムを制定している組織については、問題が発生した時の減刑が許されていることである（https://www.ussc.gov/guidelines）。

(3) 新聞では「コンプライアンスプログラム」と記載されているが、本書においては

他の表現との平仄をあわせるため便宜上「コンプライアンス・プログラム」と記した。

(4) 公式ホームページによれば、2023年4月1日現在、会員数1,699、製造業やサービス業等の様々な企業が参加している。

(5) 田中（1998）によれば、企業が構築すべきコンプライアンス制度には「①予防手続きの成文化、倫理綱領の制定、②企業倫理担当責任者の任命、③権限委譲者の適正な選任、④教育・研修プログラムの実施、⑤企業倫理監査の実施、照会、報告ラインの運用、⑥倫理綱領の周知徹底、罰則規定の整備、⑦緊急対応策と再発防止策の確立」という7つの規準が紹介されている。米国では企業の90%は何らかのコンプライアンス・プログラムを構築していることが2000年代に確認されている（Trevino & Weaver, 2003）。

(6) 現在の名称は「企業行動憲章」となっている。

(7) 「実行の手引き」の初版は1996年に発行されている。「企業行動憲章」の定める項目に対し、どのようなことを行えば良いかを具体化したものである。

(8) 第三版の総ページ数は57ページであり、かなり力をいれるようになった。なお、この「実行の手引き」は2022年12月の第9版では、総ページ数は210ページにまで増加している。

(9) 現在は改訂が続いているコーポレート・ガバナンス・コード等と組み合わせた動きも行われている。

(10) 上西（2014）では携帯電話産業の制度的同型化における各社の多様な戦略的アクションが、Aizawa（2018b）では食品会社でのコンプライアンス制度導入が分析されている。

(11) 企業内のすべての不正行為を把握するのは困難であり、ここでは、社会的に報道され、企業内にも影響を与えた不祥事を取り上げている。

(12) このような組織内でいわば認められているような状態を Brief et al.（2001）では「sanctioned」という言葉を用いて表現していた。

（参考資料１）各企業のコンプライアンス制度と組織活動

表2-4　各企業のコンプライアンス制度と組織活動

	企業	A社	B社	C社	D社	E社	F社	G社	H社
	インタビュー対象者	内部統制室長	内部監査室長	監査部長補佐	グループコンプライアンス次長	コンプライアンス室長	コンプライアンス部長 元社外取締役	執行役員企業倫理委員会事務局長 品質部門社員等	内部監査室長 技術部門エンジニア
	事業	食品メーカー	重工業	重工業 ※B社子会社	食品メーカー	流通業 ※D社子会社	食品メーカー	製造業	精密機器
	主たる顧客	BtoC	BtoB	BtoB	BtoC	BtoB	BtoC	BtoC	BtoB
	従業員数	約2,000人	約12,000人	約400人	約40,000人	約4,000人	約5,000人	約31,000人	約36,000人
	制度導入	2002年頃	2003年頃	2003年頃	2000年	2000年	2000年	2002年頃	2000年
制度	倫理的指針、規程	○	○	○	○	○	○	○	○
制度	コンプライアンス委員会／委員長	○ 取締役副社長	○ 常務取締役	○ 内部取締役	○ 取締役会長	○ 内部取締役	○（専任）社外取締役（元消費者団体）	○（専任）社外専門家（元検事）	○ 社外取締役（弁護士）
制度	コンプライアンス担当役員	○	○	○	○	○	○	○	○
制度	コンプライアンス担当部門	○	○	○	○	○	○	○	○
制度	内部通報制度	○	○	○	○	○	○	○	○
活動 管理部門	教育研修等	○	○	○	○	○	○	○	○
活動 事業部門	小集団活動等	○	特になし	特になし	特になし	○	○	○	特になし
不祥事・不正行為		―	談合	―	商品事故	―	商品事故 品質不正	瑕疵の隠蔽 検査不正	不正会計

出所：筆者作成

（参考資料２）各企業の組織活動の段階

■活動段階

企業内の活動は３つの段階に分類される。

第一段階は企業内での制度構築である。経営層による規程の整備、コンプライアンス委員会等の組成、コンプライアンスを担当する専門部署の設置等である。これは、グループ全体を俯瞰して整備されるため、子会社が存在する場合、当該子会社は親会社の指示に従い、同様の規程、委員会等を設置する。いわば、型を真似ていくものである。この制度構築については、コンプライアンス委員会の委員長について、Ｆ社、Ｇ社、Ｈ社が、不祥事発覚後、外部の法律専門家、または消費者団体出身者を任命する動きが見られたが、当該事項以外での各社での異なりはほぼなかった。

次の第二段階および第三段階は第一段階で整備された制度に基づく組織活動である。第二段階の活動としては、専門部署または人事部門と協働し、新人または監督者に対し教育、研修を実施する。すべての企業が実施しており、行わない企業はなかった。

第三段階の活動としては、専門部署が主導するのではなく、事業現場が主体となったインタラクティブな小集団活動が存在する。

■発展経路

発展経路としては、第一段階の制度整備、当該制度に基づく第二段階の活動、第三段階の活動の順となるが、１つの企業内で第三段階までのすべてが行われるとは限らない。

調査をした８社の企業においても、第三段階の活動を重要視して行っている企業はＡ社、Ｅ社、Ｆ社、Ｇ社に限られ、特にＦ社、Ｇ社は特定の不祥事発生後に第三段階の活動を行っている。

第 **3** 章　不正行為に対する視点

概要

　第2章では、大きく次のようなことを確認した。1つは、日本企業では、不正行為抑止に関する代表的な倫理的指針・制度として、コンプライアンス制度が普及しており、コンプライアンス制度は制度的同型化の影響下のもと普及したと思われること。もう1つは、制度的同型化のもと、不祥事に直面した企業は組織活動を変化させるべく動いているが、それでも防ぎきれない不正行為が存在することである。

　一枚岩では立ち向かえないとも考えられる不正行為に対し、既存研究では、どのようなアプローチがなされてきたのだろうか。本章では、不正行為の要因を、多面的に分析することを目的として、不正行為に関して蓄積された既存研究を広く狩猟したうえで、整理することを試みる。不正行為に対する研究は、大きく分けて、不正行為を非倫理的行為と捉えるもの、合理的理由に基づく行為と捉えるもの、社会的行為と捉えるものの3つに分類することができる。本章では、それぞれを、倫理的視点、合理的視点、社会的視点と名付けたうえで、次より説明に入る。

1．倫理的視点：非倫理的行為と捉える

◉──1-1．企業倫理論の展開

　不正行為に対する最初の視点は第1章「2.善悪の二分法が抱える課題」でも簡単に触れた、企業倫理論である。企業倫理は倫理学を企業行動に適用させた応用倫理学の領域であると考えられるが、その歴史を遡ると意外にも古く、すでに1898年にはカリフォルニア大学バークレー校に「商業倫理（commercial ethics）」と名の付く授業があったと言われている（鈴木・角野，2000，p.27）。だが学問として盛り上がりを見せたのは、1980年代以降であろう。その背景には、コングロマリットに代表されるような企業の巨大化、社会の複雑化に対応するため、企業と社会の関係に着目した企業社会論が台頭してきたことが考えられる（中村，2003）。企業倫理研究を代表するジャーナルである、*Journal of Business Ethics* は1982年に、*Business Ethics Quarterly* は1991年に創刊されている。

　企業倫理研究の中で主流なのが理論的規範主義であるとされることは、すでに指摘した。理論的規範主義（Clegg et al., 2007）は、「もののいかにあるべきかを論じ、そこから出てくる当為を指令し、現実をあるべき姿へと導くルールや原則と考える（鈴木・角野，2000）」ということも第1章で述べたとおりである。理論的規範主義の考え方に沿うならば、組織の不正行為は組織にあるべき姿、倫理的な指針を埋め込むことで、抑制また防止がはかられることになる（高・ドナルドソン，1999）。

　企業倫理論の流れでは、1990年代に Paine（1994; 996）によって、管理者が「ethics」を有することの重要性が「integrity」というキーワードを用いて説かれ始めた。Paine はハーバード・ビジネス・スクールの企業倫理を専門とする研究者であり、その書籍は日本でも翻訳されている（Paine, 2002）。Paine によれば、1980年代初頭には懐疑的な目で見られることの多かった企業倫理とい

う学問が、多発する企業の不正行為を通じて重要な関心を集めるようになってきたという。2000年代以降は、企業の社会的責任の議論と併せて企業倫理の重要性が説かれ始めている傾向もある（Trevino & Nelson, 2010）。日本でも、1990年代から2000年代にかけては不正行為を防止する策として、企業倫理が着目されるようになっている（高・ドナルドソン, 1999; 中村, 1994; 梅津, 2002）。

　だが、1990年代には道徳哲学に準拠しすぎていて、一般的かつ抽象度が高いものになってしまっているとの批判や（Stark, 1993）、規範的倫理学に対する経験的なアプローチ等が提言されていた（Trevino & Weaver, 1994）。Donaldson & Dunfee（1994）によれば、Donaldson & Dunfee（1994）の論文が発表されるまでの15年の間に、企業倫理は規範的概念（normative ideas）および経験的概念（empirical ideas）からのアプローチがされてきた。ここで言う規範的概念とは、必ずしもビジネス上必要でなくても「すべきこと（ought）」であり、それは「現在の状態（is）」とは区別されている、倫理的な理論である。一方、経験的概念は既存のマーケティングやファイナンス等の理論を用いるものでビジネススクールの研究者たちによって行われてきたと指摘する。

◉──1-2．倫理的風土の分析

　企業倫理研究は主に、企業としてまた経営者あるいは管理者としてどうあるべきか、ということへの提言であり、管理者目線の研究であるとも言える。実際の職場をどう運営すべきかについては、倫理的風土に関する研究でも発展している。

　倫理的風土とは、Victor & Cullen が1988年に *Administrative Science Quarterly* にて発表した論文で提示された概念であり、「組織における正しい行動および倫理的状況に対する対処方法に関する共有された知覚」と定義される（Cullen et al., 1989; Victor & Cullen, 1988）。Victor & Cullen（1988）は倫理的風土を3つの「倫理基準」と3つの「対象基準」から構成される9つの象限で分類している（**表3-1**）。組織の倫理的風土を分析する質問項目も開発されており（Cullen et al., 1993）、後継研究では、一部改変されながらも、今でも用いられている（山田ほか, 2015; 2020）。

表3-1　Victor & Cullenの倫理的風土

		対象基準		
		個人	組織	社会
倫理基準	利益	自己利益	会社の利益	効率
	善行	友情	チームの利益	社会的責任
	原理	個人の道徳	会社の規則・基準	法・職業倫理

出所：Victor & Cullen（1988），p.104, Figure.1.より筆者作成

図3-1　倫理的風土の先行研究をカテゴリー化したもの

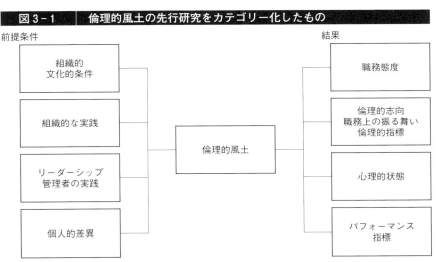

出所：Newman et al.（2017）p.478, Figure.1より筆者作成

　倫理的風土に関するレビュー論文であるNewman et al.（2017）によれば、倫理的風土の調査は前提条件に結びつくものと、結果に結びつくものに分類される（**図3-1**）。当初は前提条件には結果ほど注意が払われていなかったが、Martin & Cullen（2006）のレビューによれば、徐々に前提条件にも注意が払われるようになっていった。

　倫理的風土は、組織に着目したものだが、より個人に焦点を当てたものとして、個人の倫理的行為（ethics behavior, behavioral ethics）に注目した研究群（Trevino et al., 2006）や、個々の倫理的意思決定に関する研究群（Craft, 2013）[1]存在する。

ただ、倫理的視点で行われる研究の多くは、もちろんそれがすべてではないが、不正行為を防止するためのものというよりは、いかに倫理的にあるべきか、また、倫理的風土が良くなれば、その結果として職務態度や仕事上のパフォーマンスが向上するという暗黙の前提に基づくという特徴がある。そこには、規範倫理学で想定したように、いわゆるアプリオリ（a priori）的に「善いこと」、「悪いこと」という、ナイーブな善悪の二分法のシンプルな価値基準で判断できる、という前提から導かれるように思われる。

　また、規範的であるべき、倫理的風土を良くすべきという発想は、不正行為の発生要因は、個々人が非倫理的であることを前提としていると言える。そのため、「なぜ個人がそのような行為をしてしまうのか」と個人の動機に着目することにも通じる（Fritzche & Becker, 1984; Hegarty & Sims, 1978; Posner & Schmidt, 1984; Trevino & Youngblood, 1990; Umphress & Bingham, 2011）。英国で死亡率が高く問題となった病院を対象とした研究では、経営陣の非道徳的（amoral）なリーダーシップ（Carroll, 1987）が、組織的な不正行為につながったと指摘するものもある（Entwistle & Doering, 2023）。

　だが、Donaldson & Dunfee（1994）が規範的概念のほかに、経験的概念を提唱したように、規範的であることだけを求める世界では、実務現場の実態から離れてしまっているという指摘もある。昨今は、企業倫理を実践的に捉えるような提言もなされている（岩田, 2006; 間嶋, 2012）。倫理とは所与のものではなく、自分と他者との関わりの中から生まれるものだとし、企業倫理が社会的に構築されると考えるものである。

　倫理的という用語は、様々な場面で用いられている。規範の概念を広く捉える立場からは、倫理とは法を超えたあるべき姿として議論され（Carroll et al., 2017）、人として守るべきルールとして捉えられる場合もある（長門ほか, 2022, p.300）。だが、不正行為の問題を議論するうえでは、倫理的という用語は、法令・規範等の社会的ルールを遵守するか否か、という視点で用いるのが適切である。

　また、倫理的というのは個々人の内面に関わる問題である以上、倫理的視点を組織的な行為にあてはめる場合、組織としての倫理性をどのように確認するかという問題がある。この点においては、組織というものを、意思決定やその

実行過程を含めた、集団におけるコミュニケーションとその関係のパターンであると捉えるならば（Simon, 1997）、不正行為に関わる組織内の意思決定がどのように行われているかを考える必要があるだろう。

2．合理的視点：合理的理由に基づく行為と捉える

　不正行為に対するアプローチには、倫理的理由とは別の理由からアプローチする、他の考え方も存在する（Castro et al., 2020）。それが、不正行為を合理的な理由に基づく行為だと見なす、合理的視点である[2]。合理的視点は、自己または所属する組織によって、経済的・社会的便益等が得られるという、合理的理由があるから不正行為を行うと解釈する。そして、不正行為の結果として得られる便益が、不正行為が発覚した場合に生じるコストを超えることにより、不正行為に踏み出すと考える（Biswas, 2017, Klitgaard, 1988; Rose-Ackerman, 1978）[3]。

　合理的理由を問題とする視点では、得られる便益が少ない状況であれば、不正行為への誘惑は少なくなり、逆に得られる便益が高ければ、不正行為へと踏み出すことになる。よって、ある種の主張では、国家的レベルでも不正行為が論じられる。どういうことかと言えば、経済成長率が低く、制度が未発達な国では、不正行為へのインセンティブが高いので、より不正行為が起きやすいという提言が導き出されるのである（Pertiwi, 2018）。

　得られる便益は、例えば、経営管理層であれば企業の利益（不正会計等）が、個人であれば、直接的には贈賄、横領等が該当するだろう。また、社内で掲げられた目標達成も、ある種の便益になるかもしれない。だが、逆に言えば、それらの便益が不正行為において発見されない場合には、当然、説明力を有しない。

　よく、企業現場で紹介される不正行為防止の考え方に、Cressy の「不正のトライアングル」というものが存在する（**図3-2**）[4]。「機会」、「動機」、「正当化」、この3つがそろった時に、人は不正行為に着手すると考えるもので、逆

図3-2　不正のトライアングル

出所：筆者作成

に言えば、これらの「機会」や「動機」、「正当化」に該当する要因をつぶせば、不正行為が防止できると考える。

　Cressyの不正のトライアングルは、銀行における横領犯へのインタビューを通じて導き出されたものである（Cressy, 1953）。銀行員という機会を利用して、金銭という便益を得ようとする動機を前提としており、合理的視点と考えを同じくするものであると言える。

　不正行為に合理性を求める考えは、犯罪学[5]でも認められる。古くは18世紀後半の古典派犯罪学においても、やはり犯罪が合理的な選択の所産であると考えられ、法制度をいかに整備するかという議論があった（松原, 2014）。個々人に、社会的な処罰を超えて得られる便益があるからこそ、人々が不正な行為に手を染めると考え、得られる便益を超える処罰を社会で整備すれば、個々人の不正な行為を抑止できると考えるものである。処罰と得られる便益の均衡に関する議論は、今でも不正な行為が発覚すれば、度々行われるのを目にする。

　合理的視点の考えに従えば、不正行為は得られる便益を目的として行われるわけだから、不正行為によって得られる便益を抑制し、不正行為の結果として受ける可能性のある処罰を明確にする必要がある。よって、社会や企業の仕組みをいかに充実させるかという政策的視点にもつながる。ただし、古典派犯罪学の考えによって導き出された政策的視点だけでは、結局、不正行為の防止につながらず、犯罪学の世界では、新たな議論が生まれていったという歴史的経緯もある。

　そこで本章では、さらにもう1つ、社会的視点からも不正行為を概観する。

3. 社会的視点：社会的行為と捉える

◉── 3-1. 犯罪学での議論「ホワイトカラー犯罪（white-collar crime）」

　倫理的視点、合理的視点の次は、社会的視点である。社会的視点は、その名のとおり、社会学から発展しているわけだが、その素地には、欧州および米国で20世紀にかけて発展した、犯罪学の議論がある。そこでは、企業内の不正行為と個人的犯罪は区別されるとの問題提起がなされたのである。

　犯罪学は遡れば、19世紀の欧州で、当時の野蛮な拷問、監獄制度等への反発、人道主義化の運動とともに開花したものである。当初は、どのような人物が犯罪に手を染めるのか、という考察が主流であった。医師でもあったロンブローゾ等のイタリア学派は、犯罪に手を染める人を、生来そういう人間だと考え、今では問題となるであろう、身体的な特徴からの議論もあった。ただし、フランス環境学派の影響もあり、個人の資質だけでなく、徐々に、個人を取り巻く環境的な要因も着目されるようになっていった（波多野, 2001; 菊田, 2016）。

　20世紀に入ると、米国ではプラグマティズムの哲学に基づく、近代犯罪学が発展した。社会学に根差していることから、より多元的に考えるようになり、原因を個人の資質に留めるのではなく、社会や組織との関係を考えるようになる。有名なのは Sutherland の分化的接触理論で、①犯罪行動が学習されること、②犯罪行動はコミュニケーションの過程のうちに他人との相互作用で学習されること、③親しい私的な集団内で起こること、といった9つの命題をあげている（菊田, 2016, pp.34-35）[6]。

　企業における不正行為に関する研究のはじまりは、この Sutherland だと考えられている。Sutherland は当時の犯罪学が貧困やその結果にばかり着目するものであったことに疑問を呈し、企業による不正行為に着目した人物である。

　Sutherland の時代、社会構造上有利な立場にあった企業は、いわゆる一般

的な犯罪者と同じ視点で見られにくく、企業による不正行為は犯罪学の研究対象でもなかった。だが Sutherland は、企業の不正行為は社会構成（social fabric）を破壊することがあると主張し、その社会的影響力の強さに警鐘を鳴らした。そして、企業による不正行為に注目を集めるために、ホワイトカラー犯罪というカテゴリーを提唱し、それを「社会経済的地位の高い人物がその職業活動の過程で行う刑法に違反する行為である」と定義したと言われる（菊田, 2016, p.665）。

　企業による不正行為を犯罪学の対象として捉えることに対する反対意見もあったが、Sutherland は企業による不正行為は持続的であり、非常に広範なこと、法に違反しても地位を失うことがないことや、事業家が法律や政府の役人に対し軽蔑の念を抱いている等の問題点を指摘している（Sutherland, 1949）。計画的、組織的なものであり、いわゆる身分犯の一種であるともしている[7]。

　その後の研究では、同じく犯罪学者の Clinard & Quinney（1973）は、個人による窃盗等と、組織や企業による行為を分けて考えることを主張し、Clinard（1979）も企業による犯罪は、個人による殺人よりも多くの犠牲者を生んでいると主張した。Sutherland がホワイトカラー犯罪を身分犯の一種であるとしたように、Sherman（1980）も、不正行為は、権力の濫用であると定義した。企業での横領に注目した Cressey（1986）は、ホワイトカラー犯罪を行う者を、逸脱者ではなく、順応者であるとも述べている。Coleman（1985）は「多くの研究が、「ホワイトカラー犯罪に手を染める人は心理学的には『普通の人』だと合意している」と指摘している。

　犯罪学の議論からは、ホワイトカラー犯罪が、個人が悪意を持って行う類の不正行為とは異なること、個人的な要因を追求するだけでは解決できない種のものであることが推測される。よって、組織における不正行為の要因は、必ずしも個人の動機や倫理観と結びつかない場合があるという理論ともつながっていく（Arendt, 1965; Ball-Rokeach, 1972; Bandura, 1990a, 1990b; Kelman & Hamilton, 1989）。

◉───3-2．社会学で発展した組織的な不正行為の議論

　そして21世紀に入ると、社会学では、特に、組織的に行われる不正行為に着目した研究が発展した。ここでは、代表的な Brief et al.（2001）と Ashforth & Anand（2003）を確認していく。

(1) Brief et al.（2001）

　Brief et al.（2001）は、組織的な不正行為に着目し、集合的不正行為（collective corruption）[8]という概念を提唱した研究である。それまでも集合的行為に着目した例はあったが（Baucus, 1994; Brass et al., 1998）、Brief et al.（2001）はこれらを発展させ、2、3名以上の組織成員によって行われる不正行為を集合的不正行為と定義したのである。

　Brief et al.（2001）は、1980年代に米国で発生した Beech-Nut 社によるベビーフードの品質不正問題において、当該不正事実が社内で「集合的知識」であったという事例を紹介しながら[9]、Beech-Nut 社のような不正には共通の要素があるとする。1つは不正行為を構成する行為は集合的な努力を要すること。もう1つは行為自体が組織の中で認められている（sanctioned）[10]ように思われることだという。

　Brief et al.（2001）は、不正行為に関する研究は「なぜ個人が非倫理的な行動を起こすのか」ということに焦点があてられることが多かったが、人はモラル的には納得のいかない行為であっても正当化することがあると指摘し、組織的な視点で確認することの重要性を指摘した。そして Brief et al.（2001）は、組織で不正行為が発生する過程を「承認」、「追従」、「制度化」の3つの要素に分解して説明を試みている。

　Brief et al.（2001）は不正行為が「集合的解釈」を通じ、管理者による承認、部下による追従が行われ、繰り返されることで制度化されていくと考えている。制度化されていく背景には、組織内に倫理的逸脱が文化として醸成されることのほか、継続することへのプレッシャーもある。最初に不正行為を行った者は、

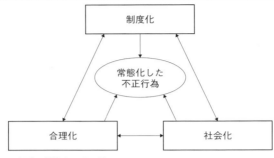

図3-3　常態化の3つの柱

出所：會澤（2019）、図1

自分の行為を正当化するために行為を継続する傾向があり、その行為は他者に対する実績として積み重なっていくということである。

　Brief et al.（2001）の特徴は、個人の意思決定ではなく、組織のメカニズムとして企業における不正行為を取り上げている点である。そして、Brief et al.（2001）の後続研究として、組織的な不正行為の定着過程も含めフレームワークを発展させた Ashforth & Anand（2003）がある。

(2) Ashforth & Anand（2003）

　Ashforth & Anand（2003）は、2003年に *Research in Organizational Behavior* に発表された論文である。Ashforth & Anand（2003）は、Brief et al.（2001）と同様に、2、3人以上の複数人によって行われるグループレベル（組織、部門、職場の集団等）の事象に着目している。当時発生していたエンロンにおける不正行為等を例にあげながら、組織での不正行為が一個人の過ちではなく、組織の中の非常に多くの従業員によって行われていると思われることを「組織で不正行為が常態化する（normalized）」と表した（會澤, 2019）。Ashforth らの関心は、不正行為自体ではなく、なぜそのような行為が常態化したのかというプロセスにある。

　Ashforth & Anand（2003）のフレームワークは①「制度化」、②「合理化」、③「社会化」の3つの柱から構成されている（**図3-3**）。

①不正行為の制度化

まずは制度化である。制度化された組織の活動とは「複数の組織成員によって、適切さ、実用性、行為の本質について深く考えることなしに、安定的に繰り返され継続する活動（Greenwood & Hinings, 1988; Oliver, 1992; Zucker, 1977; 1988)」であると Ashforth & Anand（2003）は述べている。

制度化は三段階のフェーズを経て進行する。フェーズ1は「最初の決定や行動が実行されるフェーズ」であるが、ここでカギとなる要因はリーダーシップである。人は権威に追従してしまう可能性があるため、不正行為を実行した人がいたとしても、実際に行ったその人が真の実行者ではないということになる（Bandura, 1999）。リーダーシップを有する者のカリスマ性が強くなれば追従する可能性は強くなる。また、管理者への責任追及がしづらい組織構造であれば、管理者は目の前の目的（例えば業績を達成する等）にあわせて不正に手を染めやすい。いわゆる中間管理職であれば、直接責任を負う可能性も少ないため、望んで盲目的になる（Braithwaite, 1989）ことになる。

フェーズ2は「構造や過程に不正行為が埋め込まれるフェーズ」である。もし仮に不正行為の決定や実行が良い結果を生み出したなら、その決定は合理的理由や、正統性を有するものとして組織の記憶に埋め込まれ（Anand et al., 1998）、管理者たちは類似の状況に直面した際に同じ行動をとる傾向がある。そして組織の構造に埋め込まれた不正行為が繰り返されていくと、立ち止まって考えることなしにその行為を行ってしまい、フェーズ3の「不正行為がルーチン化されるフェーズ」へ移行する。このことの例として、ナチスのホロコーストが、あくまでも事務的な作業によって行われていたこと等を挙げている（Arendt, 1965）。結果的に不正な行為は、規範的なことだと思われ、意図せずとも固定化されていくことになる。

②不正行為の合理化

次は不正行為の合理化である。興味深いことに、不正行為をする人たちは自分が行っていることを不正なことだと考えていないことがあると Ashforth & Anand（2003）は述べている。このことについては、Conklin（1977）の『違法だが犯罪ではない（Illegal but not criminal）』と銘打った書籍も引用されて説明

されている。そして、Ashforth & Anand（2003）は、組織での不正行為が不正ではないと思われやすいことを合理化と捉え、合理化に影響を与える3つの要因を説明している。

1つ目は人や組織が社会的アイデンティティを保持するために、自分たちの不正行為を再認知していくことである（Greenberg, 1998）。再認知された不正行為は、合理化されたイデオロギーとされ、これには不正に関与することへの理論的解釈を与えていく未来的な要素と、自分たちの過去の行為が合理的なものであったと抗弁する回顧的な要素が含まれる。

2つ目は言葉の言い換えである。不正行為を暗喩的に表すことで、行動の道徳的意味合いを弱め、犠牲者や損害の発生に目をつぶるような働きがあるとする。例としては、アウシュヴィッツ収容所では、患者が送られるはずである場所を「ガス室」とは決して言わずに「キャンプ場へ移送する」と言い換えていたこと等を挙げている。

3つ目は明白な事実の拒絶である。不正行為に関与している人たちは、将来的な処罰よりも手近な不正によって得られる利益を重要視してしまう傾向があり、客観的に得られる知覚よりも、自分は物事にうまく対処できるという幻想に捉われているとする。現実で行動し振舞うことが幻想に捉われ信じることにつながっていると指摘している。

Ashforth & Anand（2003）は、特に合理化されたイデオロギーは、ギリシア神話のセイレーンのように魅惑的なものであるとしている[11]。行為者に対する抗弁を用意するだけでなく、不正行為は必要なことなのだと彼らの概念を再構成することで、悪いことに手を染めているという事実さえも忘れさせてくれるからである。しかしながら、合理化されたイデオロギーには限界も存在する。特に組織に新しく加入する者は、不正に手を染めているグループに直面した際にショックを受けるだろう（Minor, 1981）。だがイデオロギーは組織に新しく加入した者を不正に加担させていく、いわば「（不正への）移行の架け橋」にもなりうる（Ashforth, 2001）。よって次の3つ目の項目では、組織に新しく加入した者が当該組織内での不正行為を受け入れていく過程を、社会化の概念を用いて説明をする。

図3-4　不正行為への社会化

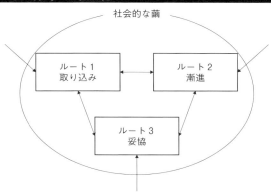

出所：會澤（2019）、図3に基づき筆者が加筆して作成

③不正行為につながる社会化

社会化とは、組織に新しく入る者に対し、価値、信念、規範、スキル等を分け与えることで、組織の中での彼らの役割を遂行させるようにすることである（Van Maanen, 1976）。社会化の過程はあくまでツールであり、新しく入る者に分け与えるものには、不正に関わるような内容も含まれる（Ashforth & Saks, 1996）。

Ashforth & Anand（2003）はSutherland（1949）のように、個人を取り巻く社会的な影響に着目している[12]。そして、新しく組織に加入した者が組織の役割等に一体化していくのに2つのルートがあるとしている（Ashforth, 2001）。1つは「認知」でありもう1つは「行動」である。この2つは表裏一体のような形で説明される。新しく組織に加入した者は、自らの役割を認知することから始まるが、行動することによって認知は強化されていく。認知が行動を育てているとも、行動が認知を育てているともいえ、両者は互いに支配的な存在である。

不正行為に関する認知から行動の影響が「取り込み」であり、行動から認知の影響が「漸進」および「妥協」である。この3つは互いに影響し合っており、Ashforth & Anand（2003）は3つのルート全体を社会的な繭（social cocoon）として示している（図3-4）。社会的な繭はGreil & Rudy（1984）の概念であ

り心理的なものだが、組織という繭の中に取り込むことで、新規参入者の不正行為に対する意識、態度を、繭の外の世界と切り離すことを目的としている。

　最初の「制度化」は、３つの要因が段階的に構築されていくフェーズとして紹介されていたが、「社会化」では３つのルートとして紹介されている。つまり、段階的に３つ経験していくわけではなく、３つの入口の可能性があるということになる。もちろん互いに関係しあっているため、複数のルートを経験する可能性もある。

　Ashforth & Anand（2003）は、「取り込み」について補足的な説明も行っている。取り込みには２つの要因があり、１つは忠誠・追従であり、もう１つは恐怖である（Hamilton & Sanders, 1992）。明らかな指示行為として取り込みが行われれば、恐怖は誘発されやすいが、新規加入者の不協和も強いため結果的な反発も起きやすい。結果として、継続的な不正行為には不向きであるとする。一方、柔らかな取り込みである場合、新規加入者は「本当に自分に言っているのだろうか」、「自分はどうすればいいのか」と、自分で考える余地がある。個人は「自分が独立した行為者である」と考えることに動機づけられるため（Brief et al., 2001）、やや曖昧な指示が上司から与えられる方が、明確な指示に従わせる時よりも不正行為を自分が選択したという思いにつながり、不正をくつがえしていくことが難しくなるという。

　「取り込み」を含む、社会化の３つのルートは、社会的な繭の中で育まれていく。社会的な繭の中では、ゆがんだ振る舞いやイデオロギーが常態化していることになる。組織にとって離脱者や新規加入者の発生は避けられないが、繭の中で組織成員が社会化されていくことで、不正行為を継続させることができることになる。

　2010年代に入ると、Palmer（2008; 2012; 2013; 2017）、Palmer et al.（2016）等が、組織的な不正行為について、複数の研究を発表している。そして、それまで使われていた corruption から wrongdoing と用語も変え、組織で行われる常態化した不正行為は、逸脱行為ではないと強調している。行為者にとっては正常な行為かもしれないというものである。時に、行為者が不正行為に着手することに対して、mindless（頭を使わない、無関心）に行うという用語も用いられる。このことは、Brief らが、行為者が非倫理的でなくとも、非倫理的な行為に着

手してしまうと主張していたことと通じている。

　ただし、社会的視点では、不正行為が社会的行為であると強調されるがために、個々の行為者は意思が乏しい、受動的な存在として描かれるという特徴がある。これは、不正行為を管理者起点で捉えていることにも起因する。管理者起点で始まった不正行為に、行為者たちは付き従うことになり、自分たちの行為に言い訳をしながら、不正行為に絡めとられていくのである。この一例として、不正行為の常態化の理論を取り入れながら、事例分析を行ったものを確認したい。

◉── 3 - 3 ．管理者起点で語られる不正行為

　Maclean & Behnam（2010）は、不正行為を行った保険会社Ａ社の事例研究を行ったものである。Ashforth & Anand（2003）らが主張していたように、不正行為が組織内で制度化され、常態化していたことを論じている。題材となっている保険会社は、コンプライアンス・プログラムが整備され、外部機関からの評価も非常に高い企業であったのだが、顧客への不正な営業行為が常態化して行われており、問題となったというものである。

　Maclean & Behnam（2010）によれば、米国政府は企業にコンプライアンス・プログラムの導入を促しており、米国企業の90％はコンプライアンス・プログラムを構築している。だが、Maclean & Behnam（2010）の問題意識は、米国企業がコンプライアンス・プログラムを正統性獲得のためにのみ導入し、組織内部では、組織活動が変わらない、いわば「通常運転」のままのことも多いということから生じている[13]。

　この保険会社での不正行為において、Maclean & Behnam（2010）が指摘していることは３つある。

　１つ目は、保険会社では、確かに、日本でも普及しているように、不正行為を防止するための、社内でのコンプライアンス・プログラムは存在した。そして、格付会社等の外部構成員からの信用格付（A.M. Best）では良い評価を得ていたことも事実だった[14]。だが、そのコンプライアンス・プログラムは、あまり組織内で尊重されていなかったように思われる。なぜならば、組織内では、

管理者によって、コンプライアンス・プログラムに反するような、不正な営業行為を行うことが促進されていたからである。

　Maclean & Behnam（2010）は、コンプライアンス・プログラムは存在しても、研修・教育等の浸透施策が不十分であったこと、研修・教育等の浸透施策と比較して、不正な営業行為につながるような、営業内での指導の方が促進されていたこと等を、社内記録やインタビューから指摘している。

　2つ目のMaclean & Behnam（2010）の指摘は、いわば象徴的ともいうコンプライアンス・プログラムと、それに反するような営業行為の2つが存在したことによって、組織内では「正統性の分断（decoupling）」が起きていたのではないか、ということである。

　ここで少し、正統性の分断について説明すれば、正統性の分断は、Ashforth & Gibbs（1990）が提言した概念である。Ashforth & Gibbs（1990）は、「組織が正統性を追求することが、時に諸刃の剣になる」ということを提言している[15]。なぜなら、組織は「社会の規範、価値、期待に順応するために、手段や目的の正統化を行う」とされるが、そもそも正統性における社会的な価値や期待は、相反するものを含んでいたり、扱いづらいものもある。よって、正統性を獲得しようと過度に主張することが、かえって正統性を失ってしまう可能性もあるというのである（會澤, 2020）。ゆえに、Ashforth & Gibbs（1990）は、正統性とは不確かなものだと指摘した。

　Maclean & Behnam（2010）の事例で言えば、コンプライアンス・プログラムは、確かに外から見れば正統性を獲得しているかもしれない。だが、管理者がコンプライアンス・プログラムを軽視し、コンプライアンス・プログラムの内容と反する営業行為を促進される従業員からすれば、そのコンプライアンス・プログラムは形式的であり、とても正統性を有しているようには見えない。つまり、コンプライアンス・プログラムの正統性は、誰からも支持されるような一枚岩のものではないことが、分断（decoupling）と表現される。

　そして、Maclean & Behnam（2010）の3つ目の指摘が、その正統性の分断が、不正な組織行為を誘発し、常態化させたということである。Maclean & Behnam（2010）によれば、従業員は、正しいはずのコンプライアンス・プログラムとはそぐわない営業行為を迫られることになり、「コンプライアンス・

図3-5　見せかけの正統性：コンプライアンスの分断による意図しない結果

見せかけの正統性	正統性認知の不協和	不正行為の制度化	外部正統性の危機
コンプライアンス構造が日常業務のプロセスと分断される	外部構成員は組織の正統性を認知し、承認する	コンプライアンスプログラムが内部で正統性を失い、コンプライアンスプログラムが軽んじられ、不正行為が制度化される	不正行為が制度化されるにつれ、発見可能性が増加する
分断されたコンプライアンスプログラムは外部環境の規制とは一致する	内部構成員はコンプライアンスプログラムに正統性がないと認知する		発見される恐れが、外部構成員からの正統性認知の危機につながる
組織はコンプライアンスプログラムの実質的影響から離れ「通常運転のビジネス」が行われる			

出所：Maclean & Behnam（2010), p.1506, Figure.3 に基づき筆者作成
注：図は矢印で示されるわけではないが、本文では「this process」と紹介されており、左から右へと段階を踏んで移行することが想定される

　プログラム」と「不正な営業行為」の板挟み状態になる。つまり、正統性認知の不協和の状態に陥り、従業員は、その不協和を解消するために、コンプライアンス・プログラムよりも、不正な行為を制度化し、常態化させていくというのである（図3-5）。

　Maclean & Behnam（2010）の保険会社の事例では、管理者によるコンプライアンス・プログラムの軽視と不正な営業活動の促進、そしてそれに付き従うことしか選択肢がなく、正統性認知の不協和を是正するため、不正行為を常態化させる従業員という構図が生まれている。上述したように、不正行為は社会的行為であると強調され、個々の行為者は受動的な存在として描かれることに特徴がある。

表3-2	不正行為に対するアプローチ		
	倫理的視点	合理的視点	社会的視点
不正行為のメカニズム	倫理的意識や制度の欠如に起因して行われる	不正行為によって得られる利得がペナルティを超える時に選択される	常態化した不正行為が行われる
ベースとする分野	倫理学	経済学、政治学	社会学
不正行為の主体	個人	個人・組織	組織

出所：Castro et al.（2020），p.952, Table.2 を参考に筆者作成

4．各視点のまとめ

　本章では先行研究を、不正行為を非倫理的行為と捉える視点、合理的理由に基づく行為と捉える視点、社会的行為と捉える視点と、3つの視点という形で整理し、議論を概観してきた。これらの視点をまとめると**表3-2**のようになる。

　倫理的視点は不正行為を非倫理的な行為であると捉える。よって、不正行為の要因は行為者の倫理的意識の欠如、または倫理的制度の整備不足と考える。不正行為の主体は非倫理的な個人として捉えられる。

　合理的視点は、不正行為によって得られる便益が、当該不正行為によって待ち受けるペナルティを超えるから、あえて不正行為に踏み出すと考える。よって、不正行為は何らかの便益が発生する場面で誘発されやすい。不正行為の主体は便益の獲得を目指す個人または組織、双方が考えられる。

　社会的視点は、不正行為を社会的・集団的行為であると考える。行為者の意思とは離れて不正行為を捉え、集団の中でも管理者を起点として語られている特徴がある。行為者は、管理者の不正行為に付き従う受動的な存在であり、時にmindlessであるとも表現される。不正行為の主体は、mindlessな状態に陥った集団、組織が想定される。

　研究分野の異なるこれら3つの視点は、もちろんいずれも一定の説得力は有

するものであるが、実際に事例にあてはめた場合どの程度の説明力を有するのだろうか。次章においては、これら3つの視点の説明力を確認するため、実際におきた不正行為の事例にあてはめて考察をしてみたい。

(1) Craft（2013）は、個人の年齢・人格・性別、組織文化等が倫理的意思決定に与える影響を実証した論文を84本取り上げて分析しており、そのうちの52本を *Journal of Business Ethics* が占めている。
(2) 合理的視点の「合理的」とは、不正行為に踏み出すことが利益にかなうと考える、利得の観点で用いている。次の社会的視点における「合理化」とは、自らの行っている行為を不正な行為ではないと解釈する正当化（justification）の意味合いであり、両者は異なる。
(3) Pinto et al.（2008）は、利益を得るものを個人または組織と2つの観点から分析している。
(4) 「不正のトライアングル」を命名したのは会計学の Albrecht であるとも言われる（Albrecht, 1991）。
(5) 犯罪学は日本では刑事学、刑事政策学と言われることもある。菊田（2016）によれば犯罪学とは「犯罪と犯罪者、また社会的逸脱行為とこれに対する抑止策を研究する経験科学あるいは規範学ではない事実学の総体を意味する」とされる。
(6) 9つの命題を菊田（2016, pp.34-35）からすべて引用すると次のとおりである。「（1）犯罪行動は学習される。犯罪行動はコミュニケーションの過程のうちに他人との相互作用で学習される。（3）犯罪行動の重要な部分は私的な集団内で起こる。（4）犯罪行動が学習される際の学習それ自体は、ある時はきわめて複雑であるが、ある時はきわめて単純な技術でなされ、また特定方向の動機、衝動、合理化、態度を含むものである。（5）動機、衝動の特殊な方向は法律を利益、あるいは不利益とする観念から学習される。（6）人は法律違反による利益が、不利益を超えた時に犯罪者となる。分化的接触は頻度、期間、優先性、強度の点で様々である。（8）犯罪型や反犯罪型との接触による犯罪行動学習の過程は、その後の学習において含められるメカニズムのすべてを含む。（9）犯罪行動は一般的な欲望や価値の表現ではあるが、非犯罪行動も同じく欲望や価値の表現であるから、必ずしも犯罪行動を欲望や価値によってのみ説明することはできない。」（5）や（6）の命題からは、Sutherland の時代においては、まだ、合理的視点、インセンティブの観点から不正行為を論じている要素が垣間見える。
(7) 身分犯とは、犯罪の構成要件を満たすために、一定の身分（公務員、保護者等）を必要とするものである（内田・杉本, 2023, p.29）。企業による犯罪は、企業人という権力、身分を充たすことによって成立する犯罪であると言いたいとも考え

られる。

(8) Brief et al.（2001）内では同様の事象に collective wrongdoing という用語も使われている。

(9) Beech-Nut 社は100％ではないリンゴジュースを取引先から購入し、1981年から1983年の間、偽って販売していた（Walles, 1988）。取引先の品質に疑義があるのではないかとわかりながらも購入を継続し、販売していたとして、連邦食品・医薬品・化粧品法（Federal Food, Drug, and Cosmetic Act）違反として当時としては最高額の罰金220万ドルを支払っている。

(10) sanction は「制裁」と訳されることが多いが、実は、「制裁」のようなマイナスの意味だけではなく、「是認」、「支持」等プラスの意味でも用いられ、「賞罰」のように正負両面の意味を有する単語である。ここでは、プラスの意味として用いている。

(11) セイレーンは、ギリシア神話に登場する怪物である（人魚のモデルとも言われる）（九頭見, 2010）。歌声で船乗りを魅了することから、誘惑される様子の比喩として使用していると思われる。

(12) Sutherland（1949）は、犯罪は親密な個人的な関係、近しい人間の振る舞いから学習されることがあるとする。

(13) 組織にとってみれば、コンプライアンス・プログラムのように、市場で普及する制度を導入することは、いわば、市場での正統性を獲得することを意味している。また、正統性の獲得は、企業の存続のためにも有用であることは広く認められている（Ashforth & Gibbs, 1990; Dowling & Pfeffer, 1975; Scott, 1995; Suchman, 1995）。たとえ、形式的または象徴的な制度であっても、外部関係者からの正統性を獲得しうることも示されている（Ashforth & Gibbs, 1990; Elsbach, 2003; Suchman, 1995; Westphal & Zajac, 1998; 2001）。実際に、経営陣が企業倫理綱領をイメージアップのために利用し、従業員が他人事のように軽視する事例もある（Helin & Sandström, 2010）。

(14) Maclean & Behnam（2010）では、格付会社等の外部構成員を「external constituents」、「external parties」、従業員等の内部構成員を「insiders」等と表現している。

(15) 正統性の文献レビューを行った Suddaby et al.（2017）では、正統性研究は「資源」、「プロセス」、「認識」の３つに分類される。例えば、正統性研究でよく引用される Suchman（1995）は「資源」に該当する。Suddaby らによれば「資源」の流れでは、正統性とは、組織の対象物であり、外部環境に存在する特徴がある。これに対し、Ashforth & Gibbs（1990）は「認識」に該当する。「認識」では、正統性は個々人や組織の間に存在している。

第 **4** 章　**３つの視点から見る不正行為**

概要

　第2章では、日本企業における倫理的指針・制度の普及や、不祥事を経験した企業でも、防ぐことが難しい不正行為が存在することを確認した。そして第3章では、不正行為を多面的に分析するため、不正行為に関する既存研究を広く狩猟したうえで、既存研究を、大きく3つの視点「倫理的視点」、「合理的視点」、「社会的視点」に分けて整理した。

　本章は、第2章で発見された、防ぐことが難しいとも思われる不正行為に対し、第3章で整理した3つの視点をあてはめる、事例研究のパートとなる。分析対象とする不正行為の抽出も重要な要素であり、最初の「1.3つの視点の事例への適用」にて、分析対象とする不正行為、および企業の説明を行う。そこから、第3章で整理した3つの視点「倫理的視点」、「合理的視点」、「社会的視点」を不正行為の事例に順にあてはめる形で考察していく。

1. 3つの視点の事例への適用

◉──1-1. 多くの企業で燃費不正行為が発覚

　3つの視点で考察する対象としては、2016年以降、日本の自動車業界で多発した燃費測定や検査に関する不正行為（以下「燃費不正行為」）を取り上げる。燃費不正行為は、日本経済を代表する自動車業界で発生した問題である。燃費不正行為が発覚した自動車会社は、上場企業でもあり、不正行為に対する様々な抑止策を構築していたはずであるが、業界内では燃費不正行為が発覚しなかった企業の方が少ない。そして、いずれの企業も、長年行っていた燃費不正行為が、2016年以降、次々と明るみに出たということもわかっている（Aizawa, 2020）。

　自動車業界を世界的に見れば、最初に燃費不正行為が発覚したのは、フォルクスワーゲンの排ガス問題であった。フォルクスワーゲンは、自動車の通常走行時は環境基準の40倍に上る窒素酸化物等を排出するにもかかわらず、米国の大気浄化法（Clean Air Act of 1963）の規準をクリアするために、ディーゼル自動車に無効化装置のソフトウェアを組み込み、試験時のみ有害物質の量が大幅に減るようにして合格させていた。これを2015年に米国環境保護庁がディーゼルエンジンの排出規制違反として摘発する（Hotten, 2015）。フォルクスワーゲンの問題は、試験をパスすることを目的として、意図的にソフトウェアの開発を行ったものであり、明確な悪意ある不正行為であると言えるが、多くの日本車メーカーでも、燃費不正行為が常態化していたことが2016年以降次々と発覚していった（**表4-1**）。

　2016年に三菱自動車の燃費不正行為が発覚し、同年スズキも燃費不正行為があったことを公表した（スズキ, 2016）。スズキは消費者に不利益となる内容はなかったとしていたが、この後の2018年に新たな燃費不正行為が発覚することになる。2017年には、日産自動車とスバルが燃費・排ガスの試験データを書き

表4-1		発覚した燃費不正行為
発覚年	社名	概要
2015年	フォルクスワーゲン	ディーゼルエンジンの排出規制違反があったと米国環境保護庁の指摘で発覚
2016年	三菱自動車	国土交通省に実際よりも良い燃費の数値を提出していたと公表
2016年	スズキ	不適切な燃費計測があったと公表
2017年	日産自動車	完成車抜き取り検査の排出ガス・燃費測定試験において、測定値改ざん等の不適切行為があったことを公表
2017年	スバル	完成車抜き取り検査の排出ガス・燃費測定試験において、測定値改ざん等の不適切行為があったことを公表
2018年	スズキ	燃費・排ガス検査違反、無効なデータを有効と判断していたと公表
2018年	マツダ	燃費・排ガス検査違反、無効なデータを有効と判断していたと公表

出所：筆者作成

換える不正があったと発表した（日産自動車, 2018）。この直前、スバル自動車と日産自動車では、無資格者による出荷前車両の検査不正問題が発覚しており、その延長で燃費・排ガスの不正問題を把握、公表したとされている。また、当該問題行為を受け、国が求めた調査では、スズキ、マツダで同様の不正行為が発覚している（マツダ, 2018; 長島・大野・常松法律事務所, 2018; 日本経済新聞, 2018; スズキ, 2018）[1]。

　約3万点もの部品から作られる自動車は、クローズド・インテグラル・アーキテクチャで、日本型ものづくりの強みが生かせる代表的製品である（藤本, 2004）。だが、多くの企業が同種の領域の不正行為に長期にわたって関わっていたことが発覚した[2]。つまり、本書の問題意識である、様々な抑止・発見制度が整備された企業であっても、「なぜ、不正行為が止められないのか」そして、「なぜ、その不正行為は長期的に継続するのか」という課題に適合する事例であると言える。

表4-2	製作所一覧	
事業所名（所在地）	設備の内容	従業員数（人）
岡崎製作所（愛知県岡崎市）	自動車生産設備	3,339
京都製作所（京都市右京区 他）	自動車用エンジン生産設備	1,416
水島製作所（岡山県倉敷市）	自動車生産設備	3,328

出所：「三菱自動車工業 有価証券報告書2022」に基づき筆者作成

◉──1-2．調査対象は幾多の不正行為を乗り越えた三菱自動車

　次に、燃費不正行為が発覚した企業から、考察の対象とする企業を抽出する。燃費不正行為が発覚した企業は複数あるが、本章では、三菱自動車工業株式会社（以下「三菱自動車」）を取り上げる。現在の三菱自動車は、自動車業界内でシェアが高いとは言い難い企業だが、以前は様々なRV（レクリエーショナルビークル）車を市場に投入する等、大変な勢いのあった企業だった。特に、1982年から販売を開始したパジェロは大きな人気を誇り、1995年には株式会社東洋工機を買収、パジェロ製造株式会社と社名変更し、パジェロの製造を担わせている。一方で、1990年代から2000年代にかけ、不正行為が幾度か発生し、徐々に勢いを失ってしまった企業でもある。幾多の不正行為を乗り越えた三菱自動車は、燃費不正行為に何らかの特徴的な要因があったのかを考えるうえで、考察に値する事例であると考えている。

（1）三菱自動車の概要

　三菱自動車は、1970年に三菱重工業株式会社（以下「三菱重工」）の自動車部門を譲り受ける形で設立された、三菱グループの企業である。設立時には三菱重工から京都製作所の一部（現「京都製作所京都工場」）、名古屋自動車製作所、水島自動車製作所（現「水島製作所」）、他1製作所を移管されている。現在の生産体制は、岡崎製作所、京都製作所、水島製作所の三拠点であり、岡崎製作

表4-3	主な国内子会社	

子会社名（所在地）	事業の内容	議決権の所有割合（%）
東日本三菱自動車販売株式会社（東京都目黒区）	自動車の販売	100.0
西日本三菱自動車販売株式会社（大阪市淀川区）	自動車用エンジン生産設備	100.0
三菱自動車ロジテクノ株式会社（川崎市高津区）	自動車の輸送・整備 自動車部品の販売	100.0
三菱自動車エンジニアリング株式会社（愛知県岡崎市）	自動車の開発	100.0
水菱プラスチック株式会社（岡山県倉敷市）	自動車部品の製造	100.0
三菱自動車ファイナンス株式会社（東京都港区）	自動車の販売金融・リース・レンタル・販売他	100.0

出所：「三菱自動車工業 有価証券報告書2022」に基づき筆者作成

所と水島製作所で自動車生産を、京都製作所でエンジン生産を行っている（**表4-2**）。

　三菱自動車には、主な国内子会社として、東日本三菱自動車販売株式会社、西日本三菱自動車販売株式会社、三菱自動車ロジテクノ株式会社、三菱自動車エンジニアリング株式会社（以下「三菱自動車エンジニアリング」）、水菱プラスチック株式会社、三菱自動車ファイナンス株式会社がある。このうち、三菱自動車エンジニアリングが燃費不正行為に関わってくる（**表4-3**）。

　製造業の会社は、エンジニアリング子会社を有することが多いが、エンジニアリング子会社が行う事業内容は、グループによって様々である。例えば、本田技研工業にもホンダエンジニアリングという子会社があったが（2020年に企業再編の結果、本田技研工業に吸収合併されている）、主に生産技術部門を担う会社であった。一方、三菱自動車では、三菱自動車エンジニアリングに対し、研究・開発・商品企画といった、開発部門の業務を委託していることに特徴がある。三菱自動車エンジニアリングは半期ごとに締結される業務委託要領に基づき、設計・開発・実験等を三菱自動車から委託されている[3]。

（2）燃費不正行為の概要

　三菱自動車の燃費不正行為は、開発部門内で長年にわたって継続していたと

表4-4	燃費不正行為の種別
A	法令で定められた「惰行法」と異なる走行抵抗測定方法を使用
B	法令で定められた成績書（負荷設定記録）に惰行時間（走行抵抗からプログラムで算出）、試験日、天候、気圧、温度等を事実と異なる記載
C	走行抵抗を恣意的に改ざん
D	過去の試験結果などを机上計算

出所：「燃費不正問題に関する調査報告書」（特別調査委員会, 2016）に基づき筆者作成
　　注：Aの「法令で定められた『惰行法』と異なる走行抵抗測定方法」とは高速惰行法のことを指している

されている。三菱自動車の本社は東京だが、開発部門は愛知県の岡崎市にある。岡崎は、自動車生産を行う岡崎製作所がある土地でもあり、三菱自動車にとって生産、開発の重要拠点である。

　開発部門での端緒となった最初の不正行為を遡るのは難しいとされているが、遅くとも1990年代初頭には、開発部門および開発を委託していた三菱エンジニアリングの一部の組織で、すでに法令とは異なる手法の燃費の測定方法を使用する不正行為が始まっていたことがわかっている[4]。燃費不正行為は2011年から軽自動車開発で業務提携を行っていた日産自動車が、三菱自動車側が提出する燃費性能データに疑義を持ったことにより発覚したものである。

　燃費不正行為は、三菱自動車だけでなく、複数の企業で連続的に発覚した行為でもあるが（表4-1）、大別すれば、開発部門での燃費計測に関する不正行為と、生産部門での完成車検査で起きた不正行為に分けられる。三菱自動車の燃費不正行為は前者の開発部門での燃費計測に関連して起きたものである。

　自動車を販売する際の燃費計測は、国が定めた型式指定審査に従い自動車会社で行った後、国土交通省へ申請することで認証される。型式指定審査では惰行法で計測することが求められるが、三菱自動車は高速惰行法という異なる手法を用いていたこと、また、シャシー・ダイナモ上で計測する際、実際に計測すべき走行抵抗を机上で計算していたこと等が指摘されている。特別調査委員会によれば、不正行為の種類は大きく分けてABCDの4つに分類され、すべての不正行為を行っていた車種もあれば、1つの不正行為を行っていたもの等が混在している（特別調査委員会, 2016, pp.80-82, 表4-4）。

　そして、ABCDの不正行為のうち、Aの不正行為とその他の不正行為（BCD）は性質がやや異なる。Aは法令で定められた惰行法ではなく、高速惰

図4-1　燃費不正行為の分類

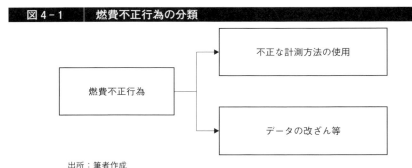

出所：筆者作成

行法という異なる燃費の測定方法を用いていたものであり、BCDは、さらに意図的に数字の操作や改ざんを行っている行為が含まれている。つまり、三菱自動車の燃費不正行為は、2つに分類される（図4-1）。1つは、不正な測定方法を使用していたものであり1990年代から使用が認められる。もう1つは、不正な計測方法を使用しながら、さらにデータ改ざん等を行うようになった不正行為である。

(3) 関係部門の概要

　三菱自動車の開発部門で燃費不正行為に関わっていたとされる部門は性能実験部および認証試験グループであるとされる。ものづくりは設計情報の転写活動だと言われるが（藤本, 2004）、デザイン部門で設計された情報に従い、性能実験部が試験車両を用いて燃費性能を計測し、それを認証試験グループがチェックしていた。

　自動車の燃費性能の改善には、「エンジンの改善」、「車両の軽量化」、「駆動系の改良」、「空気抵抗の低減」、「転がり抵抗の低減」等の燃費改善アイテムと言われる様々な要因が介在する（特別調査委員会, 2016, p.15）。個々の要因は各専門部門が改良を重ね、性能実験部は全体の燃費改善要因を取りまとめ、燃費改善予想を立てることが職務である。

　認証試験グループは量産可能になった車両が、性能実験部の計測どおり国の型式指定審査に沿うか否かをチェックする役割を担っており、本来であれば性

能実験部を牽制する立場であった。だが、認証試験グループのチェック業務は元々性能実験部が行っていたものである。牽制のために別組織として認証試験グループができたものの、実態はあまり変わらず、2つの部門は緊密な連携によって業務を遂行していた。認証試験グループは性能実験部に対する実質的な牽制機能を有することができておらず、むしろ性能実験部の不正行為に関与、協力していた。特別調査委員会資料では、性能実験部と認証試験グループの2つの部門が「燃費目標達成に向けた事実上の責任を負っていた」という言葉で表現されている（特別調査委員会, 2016, pp.210-213）。

　燃費不正行為は開発部門内の行為であるが、「（1）三菱自動車の概要」で述べたように、三菱自動車は開発業務を三菱エンジニアリングに委託している。よって、本事例の燃費不正行為に携わっていた部門は、三菱自動車の性能実験部、認証試験グループおよび三菱エンジニアリングにおいて開発業務を請け負っていた組織である。

◉── 1-3．データ・ソースおよび分析手続き

（1）データ・ソース

　三菱自動車の燃費不正行為の分析に関して用いるデータ・ソースは、以下の定性的情報である。

①特別調査委員会資料　　　　　2016年8月1日付　240頁
②アニュアルレポート　　　　　2005年度から2015年度に発行されたもの
③記者会見文字起こし資料[5]
　（ア）2016年4月20日　　　　2時間2分11秒
　（イ）2016年4月26日　　　　1時間44分18秒
　（ウ）2016年5月11日　　　　2時間17分14秒
　（エ）2016年5月18日　　　　2時間4分20秒
④書籍、雑誌等の公刊資料およびインタビュー資料

①は燃費不正行為に関し、三菱自動車が外部に委託して専門家4名[6]から組成された、特別調査委員会によって作成された報告書である。三菱自動車内の既存データの調査のほか、役員・従業員、元役員・従業員154名のインタビュー（256回）、三菱自動車および三菱エンジニアリングの役員・従業員約4,500名への社員アンケート等に基づいている。②は三菱自動車から毎年提出および発行されているものであり、三菱自動車の事業戦略等も記されている。③は、燃費不正行為が発覚したのち、三菱自動車の役員・従業員が記者会見を4回行っており、当該記者会見を筆者が文字起こししたデータである。なお、時系列としては、③は①より前に行われている。④は、a）三菱自動車の役員・従業員のインタビュー記事、b）筆者が取材した際のインタビューメモ、c）マスコミによる記事、d）一般書籍が存在する。このうち、b）ないしd）にのみ記載されている情報は単独では使用せず、他の情報に重複した情報がある際の参考情報として使用する。

（2）分析手続き

分析は次のとおり行った。第一に、データ・ソース全体を丹念に比較し、特徴的事項を発見するための作業を繰り返し行った（Glaser & Strauss, 1967, Strauss & Corbin, 1998）。第二に、三菱自動車関係者の直接の発言録である、資料③に対し、パラグラフごとのコーディング化を行ったうえで、関連性のある分野のカテゴリー化を実施した（Strauss & Corbin, 1998）[7]。第三に、当該カテゴリーに対し、再度、他のデータ・ソースとの相互検証を行い、倫理的視点、合理的視点、社会的視点の3つの視点からの整理・分析を行った[8]。

2．《視点１》倫理的視点から見る不正行為

●──2-1．不正行為を契機とした度重なる制度導入

　第一の視点は、倫理的視点である。燃費不正行為は、行為者の倫理的意識の欠如、または倫理的制度の整備不足によって生じたものなのだろうか。

　実は三菱自動車全体を振り返れば、それまでの歴史的経緯により、様々な倫理的制度・施策を実行している（特別調査委員会. 2016, pp.190-191）。過去に、複数の不正行為が発生しているからである。大きなものが、2000年代初頭のリコール問題であり、2010年代初頭には、不正行為ではないが、リコール申告が遅れたというクランクシャフト・オイルシールの問題もあった。

　2000年のリコール問題の時には、コンプライアンスが欠如していると指摘され、開発・生産過程における品質向上対策として、開発初期段階から、量産に至る各段階へのクオリティ・チェック・ゲートが15個、設けられるようになった。コンプライアンス意識の徹底のため、コンプライアンス教育の見直しも行われている。

　2002年にはリコール問題に関連した死亡事故が発生し、社会的批判を浴びることとなり、新たな制度も整備、実行されている。経営トップによる、企業倫理遵守最優先宣言というものがなされ、社内ではコンプライアンス・オフィサーの任命とともに、コンプライアンス問題を検討するコンプライアンス・オフィサー会議が定期開催されるようになった。全役員・全従業員向けには、CSR およびコンプライアンス研修がなされ、全従業員を対象とした企業倫理浸透度調査、企業倫理に関する誓約書提出が義務化された。

　また、2004年度には、企業倫理委員会も新設されている。企業倫理委員会は、取締役会の諮問機関として設置されたもので、企業倫理・風土改革に関して指導・助言を行う役割を担うことを目的とし、2016年の燃費不正行為が発覚するまで継続することになったものである。企業倫理委員会は、月１回の定例会を行

うほか、企業倫理プログラムの立案や、アンケート調査を通じた実態把握等の取り組みも積極的に行っていた。

2010年のクランクシャフト・オイルシール問題の後も、「開発統括部門における市場品質問題対応の見直し」、「市場措置関連業務に関する統制強化」、「品質改革推進活動「CFP（Customer First Program）」の実施」等の施策を整備し、行っている。

開発部門内で継続して行われた燃費不正行為に関し、倫理的な問題があったと指摘することは容易であるが、社内で倫理的指針・制度の整備に関し、何も行っていなかったわけではないことは確かである。

◉── 2-2．グループ企業によって強化されたガバナンス体制

また、倫理的指針・制度と言えば、昨今では問題視されるものにコーポレート・ガバナンスの問題もある。そのため、三菱自動車のガバナンス体制を確認する。

三菱自動車は、燃費不正問題が起きた後の2016年に日産自動車と資本業務提携を行い、同年には三菱自動車の株式の34％を日産自動車が取得するようになった。元々の燃費不正行為が発覚したのも、日産自動車と共同出資した軽自動車開発を行う株式会社NMKV（以下「NMKV」）での開発業務がきっかけでもある[9]。そして、2019年にコーポレート・ガバナンス体制として、指名委員会等設置会社へも移行した。三菱自動車が発行する2022年度有価証券報告書によれば、三菱自動車の筆頭株主は、34.01％の株式を有する日産自動車であり、第2位が20.00％の株式を有する三菱商事である。

だが、三菱自動車は、2019年以前から、外部ガバナンスを強化していた企業でもある。背景として、2000年代初頭のリコール問題後に、事業提携先であったダイムラー・クライスラー（当時の社名）が突然撤退したことがある。三菱自動車は、資金繰りに窮した結果、事業再生計画の一環として、三菱グループの支援を受けた。事業再生計画は2014年に終了するわけだが、グループからのガバナンス体制は長期間継続している。2000年代のリコール問題以降を見ても、取締役会において、三菱自動車出身の役員はほとんど存在しておらず、そのほ

表4-5	歴代社長と出身企業		
就任期間	肩書	氏名	出身
2000年11月-2002年6月	社長	園部孝	三菱重工
2002年6月-2004年4月	社長兼CEO	ロルフ・エクロート	独ダイムラー
2004年4月：社長代行	社長	橋本圭一郎	東京三菱銀行
2004年4月-2004年6月	会長兼社長兼CEO	岡崎洋一郎	三菱重工
2004年6月-2005年1月	社長	多賀谷秀保	三菱自動車
2005年1月-2014年6月	社長	益子修	三菱商事
2014年6月-2016年6月	社長	相川哲郎	三菱自動車
2016年6月-2019年6月	CEO兼社長	益子修	三菱商事
2019年6月-現在に至る	CEO	加藤隆雄	三菱自動車

出所：2000年度から2023年度の三菱自動車工業の有価証券報告書に基づき筆者作成

とんどを三菱グループ出身者（主に商社、銀行、重工）が務めている。

　2000年代のリコール問題以降、長年社長および会長を務めた益子修は、三菱商事の自動車部門出身の人物であった。2000年以降、2019年のコーポレート・ガバナンス体制の変更以前に、三菱自動車において、三菱自動車出身者が社長を務めた期間は、非常に限定されている（**表4-5**）[10]。

　取締役会の構成に関しても、同じである。**表4-6**は、リコール問題後の、2005年度の三菱自動車の取締役会構成を取り上げたものだが、取締役および監査役のほとんどは三菱重工、三菱商事等のグループ会社から派遣されてきた者たちで占められている。三菱自動車出身者は、常務取締役に1名、常勤監査役に1名就任するのみである。このような三菱自動車のグループ出身者による取締役会の体制は、2005年度以降も継続している。

　つまり、三菱自動車は、2019年度に指名委員会等設置会社へのコーポレート・ガバナンス体制へと移行はしているが、それ以前から、取締役会が執行とは分離された、いわば外部からの者で構成された監督機関として運営されていた。グループ企業内の人材の就任ではあるが、現在、日本企業で採用することが促進されている、執行と監督を分離させるようなコーポレート・ガバナンス体制を志向していたとも言えるのである。

表4-6	過去の取締役会構成例			
役名	職名	氏名	出身	備考
取締役会長		西岡喬	三菱重工	三菱重工取締役会長
取締役社長	企業倫理担当役員 海外営業統括部門担当	益子修	三菱商事	三菱商事自動車事業出身
取締役副社長	事業再生推進担当経営 企画・商品戦略・環 境・管理統括部門担当	春日井霽	三菱重工	
常務取締役	財務統括部門担当	市川秀	三菱銀行	
常務取締役	国内営業統括部門担当	張不二夫	三菱自動車販売	
常務取締役	生産統括部門担当	前田眞人	三菱重工	
常務取締役	購買統括部門担当 調達本部長	青木規雄	三菱重工	
常務取締役	休職	春成敬	三菱商事	三菱商事自動車事業出身
常務取締役	商品開発統括部門担当	相川哲郎	三菱自動車	
常務取締役	品質・サービス技術統 括部門担当 品質統括本部長	橋本光夫	三菱重工	
取締役		佐々木幹夫	三菱商事	三菱商事取締役会長
取締役		矢嶋英敏	日本航空機製造	
監査役（常勤）		氏田憲秀	三菱重工	
監査役（常勤）		江川健二	三菱自動車	
監査役		三木繁光	三菱銀行	
監査役		菅宏	三菱重工	
監査役		岡本行夫	外務省	

出所：「三菱自動車工業 有価証券報告書2005」に基づき筆者作成

◉── 2-3．従業員によってあえて放置された改善機会

　以上のような倫理的指針・制度の整備、コーポレート・ガバナンス体制の状況はありつつも、特別調査委員会の調査で指摘されるのが「風土」の問題である。では、本当に三菱自動車では不正行為を指摘しづらい、言いだしづらい状況があったのだろうか。この点に関しても、興味深い事実がある。三菱自動車では複数回、不正行為を発見する機会があった（特別調査委員会, 2016, pp.69-71, pp.194-199）。

(1) 社員の自主的な実験

　1つ目として、社員による自主的な実験が行われていたことがわかっている。開発部門の性能統括グループ（不正行為が発覚した認証試験グループの前身部署）にいたD氏という人物は、法令とは異なる、高速惰行法による計測方法に疑問を持っていた。D氏は、2000年に性能統括グループのグループ長に昇進し、さらに、ある程度の権限を持つに至ってから、高速惰行法によって測定した走行抵抗と、惰行法によって測定した走行抵抗の差を検証する実験を部下に命じている。

　結論としては、D氏による実験では、高速惰行法と惰行法の走行抵抗の差は5％以内であり、D氏はほとんど差がないと判断した。この差が大きければ、是正に向かって行動を取ろうとしていたところ、その差が小さかったため、特に是正への活動を行うことなく終わった。

(2) 新人提言書発表会での提言

　2つ目が、D氏の実験から数年後、別の人物から三菱自動車の開発部門内で、燃費不正行為への指摘がなされていることである。2005年2月に行われた新人提言書発表会において、当時の新人F氏が、上長のE氏の提案のもと、「国内向け自動車の型式指定審査の際に使用する走行抵抗は、惰行法によって測定するというのが法規の定めであり、法規に従って惰行法を用いるべきである」旨の提言を行った。E氏は、入社1年目から高速惰行法の業務を引き継いで行っていたが、おかしいのではないかという思いを持つようになり、F氏の新人提言書発表会にて、そのことを新人のF氏を通じ、提言した。

　三菱自動車内の証言では、当時のことを記憶している人はすでにいないということだが、いずれにしても、この提言を行った後も、開発部門での高速惰行法は継続され、不正行為が改善されるまでには至らなかった。このことは、新人提言があったにもかかわらず、部内で無視されたと批判を浴びる点でもあるが、特別調査委員会資料によれば、社内では「①高速惰行法と国内審査惰行法に乖離が無いという見解」、「②日程、気象条件、審査部設備等の関係から公式

審査時に路上惰行試験を要求される可能性が低く、また、すべての審査車での国内惰行審査を実施するには、審査日程の観点から厳しい」という見解から、高速惰行法を用いたとも記されている。

（3）コンプライアンス・アンケートの報告

最後の３つ目が、2011年２月から３月にかけて実施されたコンプライアンス・アンケートである。三菱自動車では、2006年、2009年、2011年と国内全従業員を対象とした３回のコンプライアンス・アンケートが行われている。三菱自動車では2004年のリコール隠し問題後の対策の一環として企業倫理委員会を立ち上げており、コンプライアンス・アンケートの結果等の報告がなされていたことも確認できるが、アンケートを端緒として燃費不正行為を発見し、改善することまでには至らなかった。

だが、2011年２月から３月にかけて実施されたコンプライアンス・アンケートの自由記載欄では「虚偽報告などいまだに存在する。」等の記載があり、問題があることを匂わせる記述もあった。2011年には当該内容について社内調査が指示され、開発部門内でも指示に従った調査がなされている。燃費不正行為の問題となった性能実験部でも調査、確認が行われたが、結論としては「問題なし」ということに至り、やはり、改善はなされなかった。

◉──2-4．倫理的視点による分析

倫理的視点は不正行為を非倫理的な行為であると捉える。よって、不正行為は行為者の倫理的意識の欠如、または倫理的制度の整備不足を要因と考える。確かに、個人レベルの不正行為では、非倫理的意識に基づく逸脱行動として捉えられる場面が存在することが容易に想像される。

だが、まず、燃費不正行為が倫理的制度の整備不足ゆえに発生したか否かを問えば、三菱自動車では、幾度かの不祥事を経験する中で、複数の倫理的指針・制度が整備されており、制度の欠如を起因とするものではなかった。そして、個人の倫理的意識の問題かと言えば、少数ではあっても、社内で問題の声

を上げる機会は幾度か確認されていた。声を上げながらも、「問題がない」と判断されたゆえに、不正行為は放置されている場合があり、単純な倫理的意識の欠如とは言い難い事実が発見された。あえて、不正行為は放置され続けたとも言えるのである。

倫理的視点だけでは、燃費不正行為の問題が解決しなかったことが示唆され、次に、不正行為を行うことに対し、合理的理由に基づく行為と捉える立場から、三菱自動車が置かれていた競争環境と社内状況について確認をしたい。

3.《視点２》合理的視点から見る不正行為

第二の視点は、合理的視点である。合理的視点は、不正行為によって得られる利得が、当該不正行為によって待ち受けるペナルティを超えるから、あえて不正行為に踏み出すと考える。燃費不正行為は、行為者が、自己や組織が得られる利得を見据えて行った行為だったのだろうか。

三菱自動車の燃費不正行為が明らかになった際、記者会見で再三質問、指摘されていたのが、「自動車開発における競争」、「燃費達成へのプレッシャー」である。三菱自動車の燃費不正行為が発覚したのは2016年だが、その前年の2015年には東芝の不正会計問題が大きく取り上げられていた。東芝の不正会計については、社内で「チャレンジ」と称して、厳しい営業目標が掲げられていたと報道されている。よって、記者会見に出席していた記者からは、「同じようなことがあったのではないか」と質問がなされたのである。三菱自動車側は、「プレッシャーがあるのは当然のことだ」として、その影響を認めなかったが、のちの特別調査委員会資料では、かなり厳しい要求がなされていたとも指摘されている。そこで本節では、軽自動車開発における競争状況について、資料から確認したい。

表4-7	軽自動車開発で行われていた燃費測定に関する不正行為
14年型 ek ワゴン	タイで実走実験を行い、得られたデータのうち下限データを選別
14年型 ek スペース	タイで実走実験を行い、得られたデータのうち下限データを選別
15年型 ek ワゴン	実走実験を行うことなく14年型 ek ワゴンのデータから恣意的に算出
15年型 ek スペース	実走実験を行うことなく14年型 ek スペースのデータから恣意的に算出
16年型 ek ワゴン	実走実験を行うことなく15年型 ek ワゴンのデータから恣意的に算出

出所：「特別調査委員会資料」（特別調査委員会, 2016, pp.165-167）に基づき筆者作成

◉── 3-1. 軽自動車開発を取り巻く競争環境の激化

　三菱自動車が販売している車種は大きく分類して3つ「SUV・ピックアップ」、「乗用車・ミニバン」、「軽自動車」がある。三菱自動車の開発部門内で行われていた燃費不正行為は、特に軽自動車開発で顕著であった。軽自動車開発では、「14年型 ek ワゴン」、「14年型 ek スペース」、「15年型 ek ワゴン」、「15年型 ek スペース」、「16年型 ek ワゴン」の開発過程で燃費不正行為が発覚しているが、大きく概観すれば、14年型と15年型の間では不正行為の性質がやや異なっている（**表4-7**）。

　「14年型 ek ワゴン」と「14年型 ek スペース」の開発までは、一応は燃費性能の実走実験を行いながらも、ばらつきのあるデータの中から良好なデータを選別するという調整的な行為に留まっていたところ、「15年型 ek ワゴン」、「15年型 ek スペース」、「16年型 ek ワゴン」に関しては実走実験を行うこともないままに過去に得られたデータから恣意的に机上でデータを算出するようになっているのである。いわば悪質になったとも言われているのだが、なぜ軽自動車開発では燃費不正行為がエスカレートしていったのか。

　燃費不正行為がエスカレートしていった要因を考えるために、軽自動車開発が置かれていた競争環境および三菱自動車の事業戦略の状況を確認する。軽自動車とは、小型車の日本独自の規格で、戦後、自動車普及を目的に、購入、維持しやすいように税制面での優遇制度が設けられたものである。実際、自動車を購入する消費者は、「なぜ軽自動車を選択したのか」という質問に対し、「経済面」、「税金が安いから」と多くが回答する（日本自動車工業会, 2020a）。しか

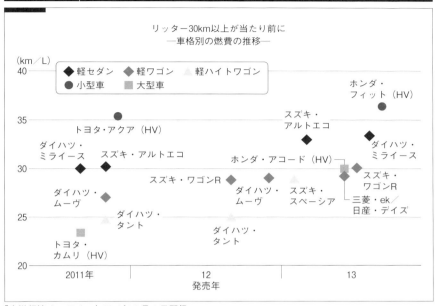

図4-2　自動車業界の燃費競争

「東洋経済オンライン」2013年8月4日配信
許諾番号：2023-145
©東洋経済新報社　無断複写転載を禁じます。
　出所：丸山（2013）「『フィットHV』でトヨタを追撃するホンダ　ホンダが新型HV投入、止まらぬ低燃費争い」

し安全性能向上のために、軽自動車の車両価格は上昇傾向にあり、となると、燃費性能で日常の経済性を消費者にアピールする必要があった。

　自動車の燃費性能は、環境問題とともに社会的にも注目を集め、経済的施策の恩恵も受ける等、消費者に魅力をアピールするための重要な遡及ポイントになっていった経緯がある（Aizawa, 2020）。マスコミでも「燃費競争」というワードでしばしば特集も組まれていた（図4-2）。

　特に2009年度に始まった「低排出ガス車認定制度」、通称「エコカー減税」以降は燃費競争の激しさが顕著であり、三菱自動車ではこのような競争に対抗するため、日産自動車と合弁会社であるNMKVを設立し、軽自動車の開発を手掛けることになった（東洋経済オンライン, 2011）。日産自動車、三菱自動車、NMKVの役割分担は、ホームページによれば、商品企画、プロジェクトマネ

ジメント、ものづくりサポートを NMKV が中心となって行い、日産自動車は
デザイン、次期車開発を行う。そして、三菱自動車はデザインと、現行車開発、
そして生産を行うことになっている[11]。この流れによって開発、生産された
自動車が2013年6月に販売開始された「14年型 ek ワゴン」等である。

　「ek ワゴン」は軽トールワゴンとも言われる領域で、全高の大きなキャビン
と前部にボンネットを有する車種である。トールという名のとおり、背が高く
ゆったりとした居住性を確保したものだが、NMKV は軽トールワゴン市場の
他の競合車、スズキのワゴンRやダイハツのムーヴ等に対抗するにあたり、デ
ザイン性等に特徴を見出すことが難しいと判断していた。とにかく燃費性能で
トップを目指すことが開発目標になっていった（特別調査委員会, 2016, p.97）。

◉── 3-2．社内の度重なる計画変更と燃費の戦略化

　2010年代の軽自動車の燃費競争は苛烈を極めていた。2013年6月に発売され
た「14年型 ek ワゴン」の燃費性能は「29.2km/L（JC08モード燃料消費率、国
土交通省審査値）」とされている。ガソリン1L で29.2km 走れるということだが、
この燃費性能は開発当初の2011年2月は、26.4km が目標値であった。

　だが、販売までの間に、競合車であるスズキのワゴンRやダイハツのムーヴ
が次々に高い燃費性能を打ち出してきた。2012年9月にはスズキのワゴンRが
28.8km の性能を発表、2012年12月にはダイハツのムーヴが29.0km の性能を
発表している。結果として、三菱自動車内ではその発表に追随するように、開
発当初の2011年2月から目標確定となる2013年2月の間には5回の目標改定が
なされることになった（**図4-3**）。

（1）KH Coder による分析

　この点、三菱自動車内で「燃費」がどのような戦略的価値をもったものとし
て捉えられていたのか、KH Coder を使用したテキストマイニングを行ってい
る（**表4-8**）。KH Coder とは、テキスト情報を統計的に分析するためのソフ
トウェアである。（樋口, 2020）。

図4-3　軽自動車の燃費競争推移

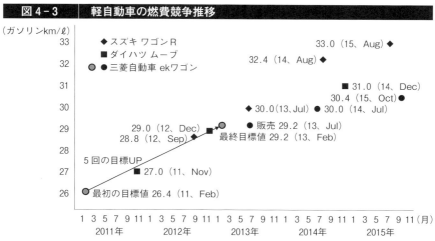

出所：時事ドットコムニュース（2016）に基づき筆者作成

表4-8　テキストマイニング分析概要

手　法	KH Coderを用いたテキストマイニング
対象年度	2005年度から2015年度までの15年間
対象資料	三菱自動車が発行するアニュアルレポート ＜書誌情報＞

年　度	総頁数	総文字数
2005年度	84	86,354
2006年度	92	97,100
2007年度	90	91,570
2008年度	88	81,190
2009年度	48	39,106
2010年度	48	42,012
2011年度	48	47,181
2012年度	44	42,527
2013年度	44	43,247
2014年度	46	43,999
2015年度	52	47,954
2016年度	38	35,952
2017年度	40	34,883
2018年度	40	38,142
2019年度	40	38,211

出所：筆者作成

表4-9		KH Coderによる「燃費」用語の共起分析							
	「燃費」使用回数	アニュアルレポート		共に使用される頻度の高い用語					想定コンテクスト
		頁数	文字数	1	2	3	4	5	
2005	5	84	86,354	向く	前倒し	走り	ガス	対応	環境対応
2006	13	92	97,100	ガソリン	乗用車	向上	2.0 MIVEC	ZEV	
2007	9	90	91,570	2,000kg	ガソリンエンジン	基幹	優れる	2つ	
2008	10	88	81,190	CO_2	ガソリンエンジン	大きい	規制	小型	
2009	7	48	39,106	小型	モデル	各国	政府	支援	戦略化
2010	7	48	42,012	小型	提携	キーワード	新興	価格	
2011	15	48	47,181	小型	価格	向上	技術	改良	
2012	7	44	42,527	トップ	クラス	レベル	CO_2	No1	
2013	9	44	43,247	ディーゼルエンジン	実現	性能	22km/L	4つ	
2014	3	46	43,999	ディーゼルエンジン	改良	快適	実現	経済	
2015	2	52	47,954	操縦	走り	乗り	性	安定	
2016	35	38	35,952	試験	不正	行為	問題	関連	不正対応
2017	17	40	34,883	試験	不正	関連	問題	行為	
2018	8	40	38,142	試験	不正	問題	傷つく	信頼	
2019	8	40	38,211	試験	関連	引当	損失	引上げ	

出所：筆者作成

　結果は**表4-9**のとおりである。2005年度から2015年度のアニュアルレポートにおいて、燃費の出現回数を調べると、2011年に最も多く、その後も2012年、2013年と多用されている。2009年度以降、アニュアルレポートの総頁数および総文字数自体は、2005年から2008年度までに比べると半減しているため、全体割合から考えれば、かなり多用されていたと考えられる。

　また、2005年度から2008年度までは、「ガソリンエンジン」、「対応」、「規制」等、環境規制等の対応に基づき使用されている例が見られるが、2009年度以降は一転して、3年連続「小型」が「燃費」と共に使用される頻度の高い語としてトップを占めている。そのほかの共に使用される用語でも「価格」、

「トップ」等が見られ、2009年度から2012年度までは特にその傾向が強い。燃費が競争上必要なセールスポイントの一環として用いられてきたことと考えられる。その後は技術開発に関連して「性能」や具体的な数値等が示される。そして、燃費不正行為が発覚した2016年度以降は一気に「試験」、「不正」、「問題」等の用語が見られ、戦略や技術開発とは言ってはいられない状況に陥ったことを示している。これらを総合して、2005年度から2008年度にかけては「環境対応」、2009年度からは2015年度までの燃費不正行為発覚までは「戦略化」、2016年度以降は「不正対応」というように、想定されるコンテクストを分類できる。

◉── 3-3．説明できる不正行為と説明できない不正行為

　ここまで、合理的視点から、自動車業界における軽自動車開発の競争について確認をしてきた。記者会見で指摘され続けていたように、軽自動車開発の競争は厳しく、そのプレッシャーも相当、組織内部で発生していたのではないかと推測される。

　ek ワゴンの開発を例にとれば、燃費目標が開発プロジェクトの途中で幾度も変更になったものの、燃費目標の変更に伴い、開発日程が柔軟に変更されることはなかった。よって、開発の初期工程で定まった仕様に従い、後期工程でとりまとめを行う性能実験部が、非常にタイトなスケジュールの辻褄合わせをせざるを得ない状況に陥っていた。本来であれば「できない」、「それは難しい」と探索的に代替措置を考えなければならないが、三菱自動車の開発本部内では「できないことを『できない』と言えない」文化があったと指摘されている（特別調査委員会．2016，p.215）。

　ただし、三菱自動車側が抗弁していたように、「ある程度のプレッシャーがあるのは組織として当然」というのも事実である。「プレッシャーから不正行為に着手した」と考えるのは、そこに不正行為を行うための一定の理由を見出すことはできるかもしれないが、三菱自動車においては、見逃してはならない事実がいくつかある。

　それは、三菱自動車で燃費不正行為が行われていたのは、軽自動車開発だけ

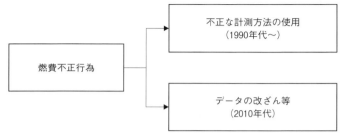

図4-4　燃費不正行為の分類（開始時期追記）

出所：筆者作成

とは限らないということである。三菱自動車の不正行為は、2つに分類できていた（図4-1）。1つが、高速惰行法を用いるという不正な計測方法の利用であり、もう1つが、データの改ざん等を行うものである。データの改ざんは、軽自動車開発で特徴的に行われた行為であり、改ざんの程度も、データ操作から、机上計算に至るまで、2016年に発覚するまでの新車開発ごとに徐々にエスカレートしている（表4-7）。しかし、高速惰行法を用いるという不正な計測方法の使用は、軽自動車開発の過熱に限ったことではない。なぜなら、そもそも燃費不正行為は1990年代から行われていたと推測されるからである。つまり、不正な測定方法による燃費不正行為は1990年代から始まっている（図4-4）。

　また、前節の倫理的視点の「2-3．従業員によってあえて放置された改善機会」の「（1）社員の自主的な実験」および「（2）新人提言書発表会での提言」については、軽自動車開発が過熱する2010年代に入る前の時期に起きていたことであり、「（3）コンプライアンス・アンケートの報告」も、燃費目標が頻繁に改定される以前に起きていた（表4-10）。企業による不正行為は、記者会見でも質問があったように、何らかの競争下で発生する合理的行為だったと考えられがちであるが、この場合、燃費不正行為に特にインセンティブがあったわけではなく、合理的な説明が最後までできていないのである。

3-4．合理的視点による分析

　合理的視点は、不正行為によって得られる利得が、当該不正行為によって待

	改善機会		燃費競争
2000年	（1）社員の自主的な実験		
2005年2月	（2）新人提言書発表会での提言		
2011年2月-3月	（3）コンプライアンス・アンケートの報告	2011年2月	燃費・最初の目標値（26.4）が決定
		2011年5月	目標値が27.0に引き上げられる
		2011年6月	目標値が28.0に引き上げられる
		2012年2月	目標値が28.2に引き上げられる
		2012年7月	目標値が29.0に引き上げられる
		2013年2月	燃費・最終目標値（29.2）が決定

表4-10　改善機会と燃費競争の時期

出所：筆者作成

ち受けるペナルティを超えるから、あえて不正行為に踏み出すと考える。

　三菱自動車の2010年代に入ってからの不正行為に限って言えば、軽自動車開発の競争環境が激しくなる中で行っていることが確認でき、組織内で掲げられた燃費指標を向上させる、という合理的理由が存在したとも言える。

　だが、従前から行われていた高速惰行法という不正な測定方法を用いる燃費不正行為については、2010年代の軽自動車開発以外でも発生している。なぜ、高速惰行法を用い続けたのか。「計測が簡易になり、開発期間短縮のためだったのではないか」ということは、記者会見の場で、何度も三菱自動車に対し、記者から質問がなされていた点であり、特別調査委員会の調査においても、もちろん検証が試みられていた。

　長期にわたる行為であり、始まりは20年以上も遡ることから、その理由については、残されている数少ない資料や、退職した従業員へのインタビュー等で探るしかない。だが、惰行法は高速惰行法よりも手続きが煩雑になる、という理由を挙げる者もいる一方、特に変わりがないと証言する者もおり、明確な理由を特定できていないというのが正しい。高速惰行法を採り入れる明確なメリットは発見されることがなく、三菱自動車は、あえて不正行為を続ける合理的なメリットもないまま、規則から外れた行為を放置し続けたことになる。

　不正行為発覚後の社内調査の結果でも、差が誤差程度にとどまるものばかり

であり、はっきりとした合理的理由が見つからないのである。また、第2節の倫理的視点の「2-3. 従業員によってあえて放置された改善機会」は、燃費改定前の出来事で、燃費不正行為に特にインセンティブがあるわけではなかった。

　合理的視点の立場では、そもそも、行為者にとって何ら利益がないにもかかわらず不正行為を行う場面は説明できないし、想定もされていない。つまり、本章の事例のように、個人が享受する便益が特に見当たらない長年の不正行為に関しては、理論としては適用しづらいことが確認された。

　三菱自動車への責任追及は、主に、データ改ざんが行われた軽自動車開発での燃費不正行為に集中し、それ以前から行われた燃費不正行為を切り分けて論じている例は少ない。だが、この、従前から行われていた不正行為についても、切り分けたうえで、探求が必要なのではないだろうか。筆者は、両者は区別すべきものだと考えている。

　本章では、次に、軽自動車開発以外で行われ続けていた不正行為に焦点を当て、3つ目の、不正行為を社会的行為と捉える視点から考察を行う。

4. 《視点3》社会的視点から見る不正行為

◉── 4-1. 制度化、合理化、社会化のフレームワーク

　では、もう1つの不正行為である、不正な計測方法、高速惰行法を用いるという燃費不正行為は、どのように説明がなされるべきであるか。社会的視点は、不正行為を社会的・集団的行為であるとし、行為者の意思とは離れて不正行為を捉える特徴がある。集団の中でも管理者を起点として語られ、不正行為の主体は mindless に陥った集団・組織が想定される。燃費不正行為では、組織内の人員が、社会的視点で想定したような状態に陥っていたのであろうか。

　ここでは、組織内部の問題を探るため、社会的視点で代表例として紹介した Ashforth & Anand（2003）のフレームワーク「制度化」、「合理化」、「社会化」

に沿いながら、社会的視点で説明可能かを試みる（**表4-11**）。

　分析の対象としては、従業員にインタビューを行った特別調査委員会の資料および記者会見での発言を抜粋して、考えて行きたい。なお、特別調査委員会資料の中の、MMCとは三菱自動車のことを、MAEとは三菱自動車エンジニアリングのことを指している。また、引用資料を表す記号は以下のとおりとする。

A-1　特別調査委員会　特別調査委員会報告書

B-1　記者会見資料　　2016年4月20日開催

B-2　記者会見資料　　2016年4月26日開催

B-3　記者会見資料　　2016年5月18日開催

（1）当たり前になっていた高速惰行法（制度化）

　最初が「制度化」である。「制度化」とは、不正行為が組織構造に埋め込まれ、深く考えることなしに、繰り返されてしまう状態を指す。

　法規で定められた惰行法でなく高速惰行法を用いることは、違法であると認識していた者がいる一方で、違法な行為だという認識がなかった者が多数いることが確認されている。この理由としては二点あげられる。

　一点目は、業務の引き継ぎの問題である。長期にわたって行われていた行為であるがゆえに、当該部門に配属された者にしてみれば、すでに当該部門で確立している行為を教わることになる。当然のものとして受け取るため、おかしいと気づく余地すらなかった。引き継ぎを受ける側からすれば、当たり前のこと、業務ルーチンの一環として行ってしまうことにつながる。

　二点目は、組織構造の問題である。三菱自動車では、性能実験部が型式指定審査のための燃費測定を行っていたわけだが、当該部門は開発部門に所属する。そのため、開発段階から燃費測定を行う。開発段階での燃費測定方法までは法規で定められていないため、日常的に高速惰行法を用いることが、即、違法なわけではない。よって、高速惰行法そのものに対する違法という認識が乏しくなったのではないか、というものである。性能実験部の中には、型式指定審査

表4-11	制度化・合理化・社会化	

概念	代表的な記述内容および発言	引用資料
制度化	まず、性能実験部は、本来的な業務であるエンジン適合をしながら開発を進める過程で、動力性能実験に付随する高速惰行法によっていたとはいえ、走行抵抗を測定していたためか（脚注より：開発段階において、MMC が、社内的に走行抵抗を把握するために、高速惰行法によって走行抵抗を測定することは、法規上問題にならない）、この数値を型式指定審査の際に使用することが法規に違反しているという認識を強く持たなかった可能性がある。こうして、MMC では、法規に適合する方法で走行抵抗を測定せず、高速惰行法によって測定した走行抵抗を型式指定審査の際に使用することが常態化し、この状態は、約25年にもわたり続いていた。(p.67)	A-1
	入社時点から、当然のように、高速惰行法によって測定した走行抵抗を型式指定審査の際に使用する環境に身を置いていた従業員には、型式指定審査で求められている負荷設定方法が惰行法であることを認識することもなく、高速惰行法によって測定した走行抵抗を使用することに何の疑念も持たない者も少なくなかった。現に、当委員会によるヒアリングにおいて、走行抵抗測定方法の問題について質問をすると、特に開発現場の従業員は、本件問題が発覚するまで、高速惰行法により測定した走行抵抗を型式指定審査の際に使用することが法規に反していることを知らなかった、惰行法の存在を知らなかった、高速惰行法によって測定した走行抵抗を使用することが当然であると思っていた、などと述べることが多かった。(p.68)	A-1
	ずっと誤ってるという認識でしながら使っていたかどうかが、よくわかりません。当時始めたときに、「これでいいんだ」という風に思ってやり始めたのが、そのまま伝承されて疑わずにやっていた可能性もございます。要は、要件を満たしていないという意識なくですね、これが社内の今までのやり方だと思っていた可能性がございますので、ここのとこを外部調査委員会で、はっきりさせたいという風に思っております。	B-2
	それを認識してた人間もいれば、認識してなかった人間もいるというのが実態でございます。といいますのが、性能実験部でも、担当がある程度分かれていたりしまして、国内を担当している人達は、会社に、91年以降ですね、会社に入ってきた人達は、この高速惰行法で取るのが普通なんだ、という風に思って。それに対して、そういう法に違反してるという考えを持たなかった、という人達もおりますので。	B-4
合理化	本調査を通じて印象深かったのは、ヒアリングを実施した多くの性能実験部の（元）従業員らが、法規で定められた惰行法を用いることなく型式指定審査を受けていたことについて、「惰行法でも、高速惰行法でも、最終的に得られる走行抵抗は"理論上は"異ならないから、高速惰行法を用いることはそれほど大きな問題ではない。」などと、自らの不正行為を正当化しようとする様子であった。また、当委員会は、性能実験部の（元）従業員の中に、「実測によるデータは、計測時の外部環境に左右されてしまうため、"理論上は"達成可能であるはずの数値（＝真値）は、実測によるデータより、正しい数値であるといえる。」などとして、机上計算による走行抵抗の算出や、実測したデータの恣意的な抽出を正当化しようとする者が少なからずいたことにも印象を強くした。(pp.218-219)	A-1
	また、新しいことをやるということになかなか挑戦をしないと。つまり、今までやってきたことをですね、やっていれば、それは過去に誰かがオーソライズして、あるいは正統化されたものだから、間違いがないという風にですね、信じ込んでいたという	B-3

表4-11　制度化・合理化・社会化

	ような面も、これは全く私の個人的な意見ですけれども、あるのではないかと。こういったところにも、踏み込んでいかないと、やはり、再発を防止することはできないと思っております。	
	じゃあ、それを使うことによって燃費がどれだけ上がるのか、ということなんですが、全くその担当者は燃費を上げるという気持ちは持っていないんですね。ご存知のようにパジェロはエコカーの減税基準にも入ってませんし、特に今、ガソリンの方で不正という格好であったんですけれど、だから、燃費を良くするというような考えではなくて、こういう取り方をしてもいいんだ、というような、ある意味、その常識的な問題ができてなかったという部類の不正だと思っています。	B-4
社会化	MMCが、型式指定審査の際に使用する走行抵抗を高速惰行法によって測定していたことは、MMCとMAEが同じ敷地内で仕事をし、お互いに人事交流もしているので、MAEにおいても日常的に認識していた。MMCがMAEに対して開発・実験を委託する際は、高速惰行法によって走行抵抗を測定することが当然の前提となっていたため、MAEでは、高速惰行法によって走行抵抗を測定し、それを型式指定審査の際に用いることが、法規に反しているという認識を持ちにくい状況であった。(p.71)	A-1
	1つは非常に閉鎖的な社会のなかで、仕事が行われているということも1つ大きな原因だと思っておりますし。	B-3
	なかなか難しいんですけれど、先ほど、そういう現実があるのではないかということですが、原因についてですが、1つはローテーションがね、あるいは外部の目、外部からの人材っていうのが、なかなか入りにくい環境っていうのが1つあると思います。それから、今度、私どもの方から見ると、外の世界をもっと見に行かないといけないんですが、外の世界をなかなか見に行かない、ということも、閉鎖的という言葉のなかに含めております。ですから、外からの人、外からの目、これがなかなか入っていかないこと、それから、今度内から外に出ていかない、というこの2つの要因が非常に大きいと思いますね。	B-4

出所：筆者作成

注：引用資料を表す記号は次のとおりである。A-1：特別調査委員会 特別調査委員会報告書、B-1：記者会見資料（2016年4月20日開催）、B-2：記者会見資料（2016年4月26日開催）、B-3：記者会見資料（2016年5月11日開催）、B-4：記者会見資料（2016年5月18日開催）。また、MMCは三菱自動車、MAEは三菱自動車エンジニアリングを指す

のための認証試験グループというものも存在し、独立した牽制機能を持つとされていたが、専門性ゆえに、検査を行える人材が限られ、ほぼ一体となって運用されていた。

　ただし、社会的視点の制度化は、三段階のフェーズを経て進行することが想定され、その第一段階である「最初の決定や行動が実行されるフェーズ」において鍵となるのが、リーダーシップを有する管理者である。管理者を起点として、不正な行為が常態化されていくことが想定されている（Ashforth & Anand, 2003, pp.6-8）。三菱自動車の事例では、組織構造的に不正な行為が制度化され

やすくなっていたと言えるが、明確なリーダーの指示のもと行われていたような行為ではなかった。

(2) 高速惰行法への認識（合理化）

次に「合理化」である。「合理化」とは、行為者が、自分たちが手を染めているはずの不正行為を、不正なものではないと再認知していくことである。

倫理的視点では、高速惰行法を改善しようと比較実験を行ったD氏の取り組みを説明した。D氏が是正にまで至らなかった理由が、高速惰行法や惰行法の走行抵抗の差が微少だと判断したことである。これは、D氏が高速惰行法の利用を改善するほどではないと判断し、行為を合理化したことを示唆している。

また、法令では惰行法を用いることが定められていたことを知っていた従業員からの、高速惰行法を用いることへの合理化、正当化と指摘されるような認識が、特別調査委員会の資料からは確認できる。「惰行法でも、高速惰行法でも、最終的に得られる走行抵抗は"理論上は"異ならないから、高速惰行法を用いることはそれほど大きな問題ではない」というもので、高速惰行法も惰行法も、いわば科学的実験なわけだが、いずれについても差がない、という意見である。理論上正しい行為であれば、どちらを行っても問題がないと考えるものであり、さらに言えば、机上の計算は、気象に左右される実測よりも正しいという主張までなされている。

悪い行為を行っているという罪悪感を薄れさせるような言い訳というレベルではないことは、技術者がその主張を不正行為発覚後の、外部専門家による特別調査委員会のインタビューに対しても行っているという事実が示している。

(3) 閉鎖的空間（社会化）

3つ目が社会化である。社会的視点の社会化では、新規参入者や外部者が、不正行為内に絡めとられ、mindless に行為を行うことが想定される。燃費不正行為は、三菱自動車だけでなく、子会社である三菱自動車エンジニアリングも関わっていた行為である。三菱自動車エンジニアリングが声を上げなかった

ことに関し、「圧力をかけていたのでは」という疑いもあった。

　だが、そもそも、三菱自動車と三菱自動車エンジニアリングは、物理的にもほぼ同じ場所で、人事交流もなされながら燃費測定業務を行っていた関係性がある。法人としては別人格であるが、ほぼ一体の組織として運営されていた。よって、新たな視点を持ちにくかった、牽制機能を有することが難しかったと言われる。

　また、専門性ゆえに異動も限定的であった。「MMCが、型式指定審査の際に使用する走行抵抗を高速惰行法によって測定していたことは、MMCとMAEが同じ敷地内で仕事をし、お互いに人事交流もしているので、MAEにおいて日常的に認識していた」のだが、従業員が問題に気づきにくかったことも指摘される。なぜなら、三菱エンジニアリングは、あくまで業務を受託する側であり、高速惰行法で測定するという指示を受ければ、それが当然の行為であると認識しやすい状態だったからである（特別調査委員会, 2016, p.71）。

　性能実験部および三菱自動車エンジニアリングが一体となって燃費検査を行っていたこと、人事交流が限定的なことから開発部門自体が閉鎖的であり、他部門との交流が乏しかったこと等は、社会化が強固になることを示している。だが一方で、第2節の「2-3．従業員によってあえて放置された改善機会」で指摘した3つの事実は、社会化も完全ではなかったことを示している。

◉── 4-2．管理者起点では説明ができない不正行為

　社会的視点は、前2つの視点と比べ、一見説明力を有するようにも思われるが、いくつかの点ではずれがある。1つは、社会的行為のフレームワーク（Ashforth & Anand, 2003）では、あくまでリーダーシップを要する管理者起点として、不正な行為が制度化されていくことが想定されている。一方で、三菱自動車の事例では、燃費の不正な計測方法は、「問題がないと判断された」ために、「業務として引き継がれていた」という趣旨のことが説明されている。誰か特定のリーダー的人物が指示・判断をしたという明確なものではなく、業務の一環として組織に不正な行為が引き継がれていた、という方が適切であろう。

また、合理化においても、同様にうまく説明できない点がある。Ashforth & Anand（2003）で主張される合理化は、「言葉の言い換え」という表現が用いられていたことからもわかるように、自らが行っている行為の罪悪感を薄れさせる目的がある。

　言葉を言い換えたりすることは、罪の意識を緩和させることに役立つとして、過去の戦争犯罪のようなものがモチーフとして例示されていた。リーダーの方針には抗えないので、行為を行うしかないが、その行為を和らげるという意味であり、ここでもやはり、あくまで、管理者起点の不正行為を想定していると思われる。

　だが、三菱自動車の事例では、不正行為を行った行為者たちには、単なる合理化ではない、より強い意思が観察される。正しいと思い込もうとしているのではなく、行為者は、正しいと考えた業務を組織内で継承し続けている。決して誤った行為だとは考えていない。しかも、第2節の「2-3．従業員によってあえて放置された改善機会」で指摘した（1）（2）（3）のような事象は、社会化も完全ではなかったことを示し、さらには、それが決して mindless ではなかったことも明確に示している。

◉── 4-3．社会的視点による分析

　不正行為は確かにルーチン化し、制度化されているが、そもそも、燃費不正行為は技術者たちの間で、脈々と引き継がれてきた行為であり、どうやら社会的視点が想定していたような、管理者起点の社会的行為とは言えないようである。しかも、第2節の「2-3．従業員によってあえて放置された改善機会」で示される「（1）社員の自主的な実験」、「（2）新人提言書発表会での提言」、「（3）コンプライアンス・アンケートの報告」のような事象は、社会化が不十分であったことも、それが決して mindless に行われていなかったことも明確に示している。よって燃費不正行為のような不正行為に対して、社会的視点も十分な説明力を有していない。

　そもそも、第3章「3．社会的視点：社会的行為と捉える」で例に挙げた、Maclean & Behnam（2010）の保険会社の事例では、管理者によるコンプライ

図4-5 不一致の是正または放置

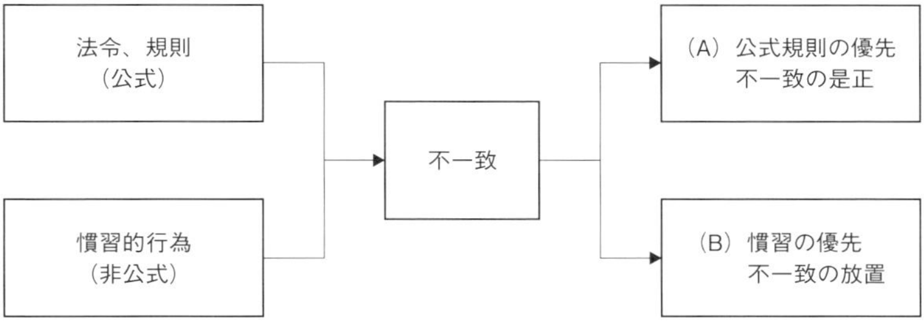

```
┌─────────────┐
│  法令、規則   │─────┐              ┌──────────────────┐
│   （公式）   │     │          ┌──→│（A）公式規則の優先  │
└─────────────┘     │  ┌─────┐ │   │    不一致の是正    │
                    ├─→│不一致│─┤   └──────────────────┘
┌─────────────┐     │  └─────┘ │   ┌──────────────────┐
│  慣習的行為   │─────┘          └──→│（B）慣習の優先     │
│  （非公式）  │                     │    不一致の放置    │
└─────────────┘                     └──────────────────┘
```

出所：筆者作成

アンス・プログラムの軽視と不正な営業活動の促進があり、そして管理者に付き従うしか選択肢がない従業員を前提としていた。従業員は、自らに生じる正統性認知の不協和を是正するため、不正行為を常態化させるという構図が生まれている。

だが、なぜ、従業員は、不正行為を是正するのではなく、そのまま放置し、不正行為を常態化させることを選択したのだろうか、という疑問が生じる。燃費不正行為で言えば、法令に従った計測方法に是正するのではなく、そのまま不正な測定方法を放置し、常態化したのか、ということでもある。

コンプライアンス・プログラムの正統性が一枚岩ではなく、現場との営業行為との間で分断されていたのであれば、そもそもの不正な営業行為（燃費不正行為で言えば、法規に従っていない高速惰行法を用いること）を解消することでも、正統性認知の不協和を解消させることができるのではないだろうか。

コンプライアンス・プログラムや法規に従った計測方法を公式の規則だとすれば、現場で行われていた営業行為や法規通りでない計測方法は、公式の規則ではないが、慣習的に行われる行為だと言える。**図4-5**に従えば、その分断という不一致が起きた際、（A）公式規則を優先して不正行為を止めるのではなく、あえて（B）慣習的に行われる行為を優先し、常態化させるという従業員の意思決定が行われるには、何か理由があると考える方が自然ではないだろうか[12]。それを、経営者である管理者が、公式規則であるコンプライアンス・プログラムを軽視していたから、制度を軽視していたから、ということで説明するのは、どこか頼りない。

組織の中の行為者は、それほどまでに弱い存在なのであろうか、という疑問である。圧倒的パワーを有するリーダーのもとでは、もちろん管理者起点の不正行為が起きる可能性が高い。しかし、組織には様々なタイプが存在するのも事実である。

今回の自動車会社の開発部門のように、技術者等の専門知識を有する者によって構成される、専門職集団はどうであろう。いわゆる、専門職で構成される組織においては、組織内と組織外では、異なる決定要因が働くことが論じられている（Abbott, 1981）。

つまり、組織にも様々なタイプがあるわけであり、場合によっては、管理者起点では説明することのできない、組織的な不正行為があるのではないか、という疑問も生じるのである。実際、2008年に組織的な不正行為（organizational corruption）が *Academy of Management Review* で特集された際、不正行為を組織的な問題であると捉えつつも、個人の視点を取り入れることの重要性も指摘されている（Ashforth et al., 2008）[13]。組織的な不正行為が社会的影響を受けているということを論じるものも存在する（Earle et al., 2010; Frost & Tischer, 2014）。個々の行為者は意思が乏しい、mindless で受動的な存在として描かれることは、組織的な不正行為において、時として説明が不十分だと言えるのである。

5．3つの視点による分析の課題

本章は、第3章で確認した不正行為を巡る3つの視点から、自動車会社の燃費不正問題を確認してきた。

一般的には、燃費不正のような不正行為は、①倫理的風土に問題があったのではないか、②競争プレッシャーがあったからではないか、と指摘されることも多い。②競争プレッシャーについては、三菱自動車の前年に発覚した、フォルクスワーゲンの燃費不正行為において、社内での過度なプレッシャーがあったこと等が指摘されている（Edmondson, 2018）。

表4-12	不正行為に対するアプローチと課題		
	倫理的視点	合理的視点	社会的視点
不正行為の メカニズム	倫理的意識や制度の欠如に 起因して行われる	不正行為によって得られる 利得がペナルティを超える 時に選択される	常態化した不正行為が行わ れる
ベースと する分野	倫理学	経済学、政治学	社会学
不正行為の 主体	個人	個人・組織	組織
課題	善・悪の二分論を前提とし ている	得られる便益が発生しない 場合、説明に限界が生じる	不正行為は管理者起点に よって語られる

出所：Castro et al.（2020），p.952，Table.2 を参考に筆者作成

　①は不正行為を「非倫理的行為」と考える立場に近く、②は不正行為を「合理的行為に基づく行為」と考える立場に近い。合理的行為は、経済的利得を主眼とした立場であるが、仮に明確な金銭でなくとも、利益や何らかの価値が獲得されるのであれば、②に近しい状況にあったと言える可能性がある。

　しかし、本章での結論をまとめれば、第一に、倫理的指針・制度が整備され、幾度かの改善機会も存在した事実からは、善・悪の二分論を前提とした倫理的視点で説明することは難しかった。第二に、競争環境等の一定の合理的理由は存在するものの、同時に、特段の得られる便益が見当たらない不正行為も存在するため、合理的視点で説明することも難しい。第三に、従業員による改善機会があり、業務の一環として組織に不正な行為が引き継がれていたことからは、それが決して mindless に行われていなかったことも明確に示している。よって社会的視点も十分な説明力を有していない（表4-12）。

　ここで本書では、別のアプローチから、不正行為を分析することを試みたい。これらの視点で説明できないのは、燃費不正行為に類するような不正行為に、何か特徴があるのではないか、と考えるからである。他の不正行為とは何か違う特性があるのではないか、だからこそ、既存の理論では説明ができないのではないか、という課題感である。

　よって、次の第5章では、世の中で発覚した不祥事を収集し、比較分析することで、不正行為の特徴をとらまえたいと考える。そして、第5章による不正行為の分類から見えてくる特性をもとに、第6章で再度、燃費不正行為の分析

を試みる。

(1) この際の調査は完成車検査による不正行為が対象であったが、当該不正行為はトヨタ自動車、ホンダ、三菱自動車では報告されていない。

(2) 2018年8月の際は、自動車メーカー2社に加え、ヤマハ発動機も燃費不正問題があったことを公表している（ヤマハ発動機, 2018）。

(3) 業務委託要領には、委託車種・委託業務・委託範囲・工数等が記載されている（特別調査委員会, 2016, p.9）。

(4) 日本では1991年に法律が改正され、惰行法が用いられるようになった。その際に、法律に手続きを合わせなかったと推測すれば、三菱自動車での燃費不正行為は1990年代には始まっていたと推測される。

(5) YouTube上に掲示されている以下のビデオから筆者が文字起こしをしたものである。会長、社長、副社長、開発部門長の4名が、それぞれの会に3名ずつ出席し、報道関係者からの質疑応答を受けている。

　　（ア）「三菱自が燃料試験不正で会見　相川社長「意図的な操作」」（2016年4月20日）（https://www.youtube.com/watch?v=oW-xcgXQGVc）。

　　（イ）「燃費不正問題　三菱自が国交省への報告後に会見」（2016年4月26日）（https://www.youtube.com/watch?v=MRrEovcPAgU）。

　　（ウ）「燃費試験不正で三菱自が会見、益子会長も出席」（2016年5月11日）（https://www.youtube.com/watch?v=ASAWj7ZRC7g）。

　　（エ）「燃費不正で三菱自動車が記者会見　相川社長が辞任表明」（2016年5月18日）（https://www.youtube.com/watch?v=SwWcnMzkxK8）。

(6) 調査が膨大なため、4名以外にもちろん補助者が存在する。4名の内訳は、弁護士等の法律専門家が3名、自動車企業出身の専門家が1名である。また、電子機器から消されたようなデータも復元するフォレンジック調査に基づいており、数万件のファイルおよびメール確認もなされている。

(7) 探索的分析においては、当初のコーディングを1次カテゴリー、次の段階のカテゴリー化を2次カテゴリーと示す例もある（Gioia et al., 2012; Gehman et al., 2018）。

(8) 既存理論の視点をフレームワークとして考察することで有名なものには、キューバ危機を論じたアリソンモデルが存在する（Allison, 1971; Allison & Zelikow, 1996）。

(9) NMKVは日産自動車と三菱自動車の50%ずつの出資によって2011年に設立された。NMKVは「Nissan Mitsubishi Kei Vehicle」の略称。

(10) 2019年の指名委員会等設置会社への移行時には、エンジニア出身の加藤隆雄がCEOに就任している。

(11)「NMKV3つの機能」（http://nmkv.com/products/）。

(12) 例えば、清水（2011）や清水・朴・Hong（2010）は、自動車会社で起きた不正行為を題材として、組織的な意思決定が政治的プロセスによって歪められることにより、正しい意思決定が行われなくなる可能性を指摘した。

(13) ただし、この時に提言されている、組織的な不正行為において個人にフォーカスした例では、「個人が自己にメリットがある不正行為を組織的に広めていく」という趣旨の理論が提唱されている（Pinto et al., 2008）。このような不正行為は、本章で取り上げる合理的視点に類似する考えであると言える。

第 **5** 章 **不祥事の分類から見えてくる特性**

概要

　第4章では、第3章で整理した3つの視点「倫理的視点」、「合理的視点」、「社会的視点」を実際の不正行為にあてはめて考察を行った。事例としては、日本型ものづくりを代表する自動車産業で、2016年以降に多発した燃費不正行為を取り上げた。また、その中でも、幾度かの不正行為を乗り越え、不正行為に関する様々な対応を行ってきたと考えられる、三菱自動車を分析対象として抽出した。

　3つの視点は、燃費不正行為に対し、それぞれ一定の説明力を有しながらも、幾分かの疑問も残った。特に、1990年代から長期的に行われてきた、不正な測定方法による燃費不正行為については、十分な説明力を有さなかった。本章では、燃費不正行為の何が問題であるのか、他の不正行為と何が違うのか、という特性を考えるにあたり、世の中の不祥事を収集・分類し、特性を分析することを試みるものである。燃費不正行為への更なる考察は、本章の分析結果をもとに、次の第6章で再度、行われる。

1. 不祥事の調査

◉——1-1. 観察される様々な不祥事

　企業による不正行為は、発覚し社会問題化すれば、不祥事として問題になる。世の中では数多くの不祥事が発生している。本章では、当該不祥事を分類することによって、その特性を把握することを試みる。不正行為ではなく不祥事の分類としているのには、不正行為自体は、社会現象である不祥事として世に明るみに出ない限り、把握することが困難だからである[1]。

　だが、不祥事と一口に言ってもその内容は様々であり、連日報道され社会問題化するようなものもあれば、従業員が個人的に起こすもの、むしろ企業が巻き込まれるもの等、多様なものが存在する。総称して「不祥事」、「企業不祥事」として報道されるものの、その要因や中身は異なる。例えば、2022年2月にどのような不祥事が取り上げられているかと振り返れば、以下のようなものがあげられる（**表5-1**）。まとめてみると、やや雑多なものが集められているような印象も受ける。

　本章では、これらの世の中で報道される不祥事を収集・分類しながら、燃費不正行為のような不正行為に存する特徴を見出していきたいと考えている。

◉——1-2. インターネット調査とカテゴリー化

　では、どのように不祥事を収集し、分類していくべきであろうか。情報収集の対象となる企業群を選定するのが大切であるが、その企業群としては、TOPIX500企業[2]を対象として調査することにした。TOPIXとは、東証株価指数（Tokyo stock price index）の略であり、TOPIX500企業は、東京証券取引所のうち株価算定の対象となる企業群の1つである。TOPIX500はその名のとおり500の企業が選ばれている。

表5-1	不祥事として報道される例
2022.02.24	奈良県の男性職員（49）が大和郡山市内のスーパーで弁当や総菜など1,000円弱相当の商品を盗んだとして窃盗の疑いで現行犯逮捕された。同職員は「過食症で食費がかさんだ」などと容疑を認めている。同職員は2月11日にも同じ店舗で万引きをしていた。奈良県職員平均給与月額（43.3歳）は427,895円。
2022.02.24	千葉県木更津市議会の男性議員（63）が酒酔い運転の容疑で2月23日、千葉県警に現行犯逮捕された。同議員は酒に酔った状態で乗用車を運転し、駐車場内の柵に衝突した模様。目撃者が110番通報し逮捕に至った。同議員は市議4期目。
2022.02.23	通販の家電販売店「ECカレント」を運営するストリーム（東京都港区）の物流センターで勤務していた男性が、1カ月223時間超の時間外労働でうつ病になったとして同社に損害賠償を求めていた裁判で、東京地裁はこの男性の訴えを認め2,425万円の支払いを命じた。同男性は2013年11月に147時間、同12月に223時間もの時間外労働に従事した模様。裁判所は同社の安全配慮義務違反を認めた。
2022.02.09	京都市子ども若者はぐくみ局の男性局長（59）が贈賄容疑で京都府警に2月8日逮捕された。同局長は民間保育園などに対する運営指導や、監査を指揮・監督する権限を持ち、市内で保育園を運営する「セヴァ福祉会」の女性理事長（85）から45万円相当の高級腕時計などを受け取っていた。この理事長は自身の都合で、本来休んではいけない土曜日に保育園を休園できるよう同局長に持ちかけた模様で、実際に同保育園は土曜日も休園となっていた。
2022.02.09	大阪府貝塚市の男性職員（26）が住居侵入と窃盗未遂の容疑で2月8日、大阪府警に現行犯逮捕された。同職員は8日午前11時頃貝塚市内の民家に侵入し、干してあった女性の下着を盗もうとした。同容疑者は「下着のにおいをかいだりするためで、盗むつもりはなかった」などと供述している。同職員は子育て支援課に勤務し、当日は有休休暇中だった。
2022.02.08	トヨタ自動車の系列販売店「ネッツトヨタ愛知」（名古屋市昭和区）の副店長ら10人が不正車検を繰り返していたとして2月8日、愛知県警は同社員10人と同法人を書類送検した。副店長らは、「車検に要する時間を短縮し、客を待たせないために検査の一部を省略していた」などと供述している。トヨタの調査ではこの他に直営や系列の販売店16店舗で6,600台余りに不正車検を行っていた模様。
2022.02.08	鹿児島県警の男性巡査長（36）が拾得物の財布から4万円を盗んだとして2月7日、業務上横領などの容疑で逮捕された。同巡査長は2021年12月3日拾得物として保管していた財布から4万円を抜き取り、記録には虚偽の金額を記入し保管していた模様。財布を拾った人物が伝えた金額と同巡査長の記録した金額が相違していたため犯行が発覚した。
2022.02.07	山形大学の40代女性医療職員が複数の部下に執拗にパワハラを繰り返したとして2月7日、停職3カ月の処分を受けた。同職員は2009年ごろから10年以上にわたり複数の部下に過剰な量の仕事を命じるなどしていたという。部下の中には体調を崩す者もいた。大学側は2021年になって初めて調査を開始し今回の処分となった。

出所：フジサンケイ危機管理研究室の情報を基に筆者作成
注：フジサンケイ危機管理研究室では、新聞等マスコミで報じられた広報関連の企業事件を集計、発表している（https://www.fcg-r.co.jp/research/incident/）

表5-2	不祥事の収集方法
対象	TOPIX500企業（2020年10月14日時点）
方法	Google を利用したインターネット検索 「企業名＋不祥事」、「企業名＋不正行為」、「企業名＋第三者委員会報告書」にて キーワード検索を実施
調査実施期間	2020年10月15日〜 2020年10月31日

出所：筆者作成

　もちろん、本来であれば、世の中すべての企業を対象として、あらゆる不祥事を抽出すべきではあるが、世に知られていない企業であれば、残念ながらプレスリリースを行っても、報道されることもない。よって、不祥事を調査すること自体が困難である。そのため、報道可能性が高く、日本経済を代表しているとも考えられる TOPIX 企業を対象とすることにしたものである。

　以上を前提として、実施した調査概要は**表5-2**のとおりである。

　そして、TOPIX500の企業を対象として調査を実施したところ、情報収集結果としては、404件の不祥事が集められた。不祥事がインターネット検索で検出されない企業もある一方、複数の不祥事が該当する企業も存在した。よって404件はのべ件数である。また、これら404件の不祥事を、報道された内容に応じ、17種の不祥事としてカテゴリー化を行った（**表5-3**）。

◉── 1-3．不祥事の発生件数

　404件のうち、最も多い不祥事は、金銭着服目的の「不当利得」の49件であった。類似の金銭着服を目的とした不祥事の「横領・背任」も29件、合わせると全体の約1/5がこれらの不祥事であった。いずれも金銭着服目的であることには変わりないが、横領は刑法上「自己が占有する他人の所有物を横領すること」と構成要件が定められている。最も一般的な横領の形式は、金融機関に勤める者や、経理部長等が自己の管理下にある金銭を自分の口座に振り込む等して着服するものである。この点、不当利得は、例えば取引先と共同し、当該取引先と契約する引き換えに見返りとして金銭を要求するもの等、相手方をだますことによって金銭を着服する事例等がある。目的としては変わりないが、

表5-3　17種の不祥事の件数（年度別）

年	脱税	不正会計	表示不正	品質不正	検査不正	商品事故	情報漏洩	環境問題	横領・背任	不当利得	贈賄	事故トラブル	談合カルテル	労務問題	個人トラブル	下請法	不適切行為	計
2000	0	0	0	0	0	2	0	0	0	0	0	0	0	0	0	0	0	2
2001	0	0	1	0	0	0	0	0	0	0	0	0	0	0	0	0	1	2
2002	0	0	2	0	1	0	0	0	1	0	2	1	1	0	0	0	0	8
2003	1	0	0	0	0	0	0	0	0	0	1	0	0	0	0	0	3	5
2004	0	1	0	0	0	1	1	0	0	0	0	0	0	0	0	0	1	4
2005	0	0	1	0	1	0	0	1	0	1	0	0	0	0	0	0	3	7
2006	0	1	0	0	0	0	0	1	1	0	1	0	0	1	0	0	2	7
2007	1	1	0	0	0	1	2	0	1	0	0	2	1	0	0	0	0	10
2008	0	2	1	0	1	0	0	2	1	0	0	1	0	1	1	1	1	13
2009	0	4	0	1	0	1	0	0	0	2	0	1	0	0	1	0	1	12
2010	0	1	0	0	1	0	0	0	1	3	0	1	0	1	0	0	3	11
2011	2	0	0	0	1	0	1	0	1	4	0	1	4	1	0	0	3	18
2012	0	6	1	0	1	1	1	1	2	3	0	1	3	2	1	0	4	27
2013	0	1	1	0	0	2	1	0	1	3	1	1	4	5	0	0	3	23
2014	0	1	1	2	0	0	0	0	0	2	0	0	2	2	0	0	2	12
2015	0	1	0	1	1	1	0	0	1	4	1	4	0	0	1	0	1	15
2016	1	1	0	0	0	0	0	0	1	5	0	1	3	5	0	0	2	22
2017	0	5	0	1	3	3	3	0	4	5	0	1	3	5	0	0	2	39
2018	0	0	2	2	13	2	1	0	5	6	1	3	6	3	1	0	5	54
2019	0	4	2	4	2	2	11	2	4	7	0	7	5	7	4	0	6	68
2020	0	5	1	3	5	1	2	2	4	0	2	5	2	2	2	2	2	45
計	5	35	15	14	34	19	37	10	29	49	9	32	33	26	16	3	38	404

出所：筆者作成

法の定めにおいては区別されるため、念のため区別した分類を行った。

　これらの金銭目的の不祥事に続き多いのが「情報漏洩」の37件である。インターネット検索の特性上、直近の不祥事が表出されやすいことを述べたが、情報漏洩はこの5年ほどでの事案が集中して収集された。本章の末尾に提示した**参考資料3**（日経新聞記事検索による新聞記事出現数）に示した、新聞記事検索の結果と併せて鑑みると、特に個人情報の漏洩問題は影響範囲が大きいことから話題になりやすく、検索に該当しやすかったものと思われる。

また、1つのカテゴリーに分類できなかった不祥事は、「不適切行為」として分類しており、38件である。例えば、インターネットサービスで一時期問題となった「口コミのやらせ問題」や、有名人等を意図的に利用して広報活動を行う「ステルスマーケティング」等が含まれる。その他、金融機関で多く見られたものに、行内や業界基準に違反するような審査により融資を行う「不正融資問題」、かんぽ生命で問題になったような「不適切な保険契約の乗り換え」等があげられる。雑多なものであり1つのカテゴリーにすることに適さなかったため、「その他」の意味合いで、「不適切行為」としてまとめている。

多くの不祥事は、多少の増減はありつつも、恒常的に発生していることが特徴としてあるが、いくつかの不祥事はある一定の時期から増加している。1つが2010年代から増え始めた「労務問題」である。それまでは多くは見られなかった「ハラスメント」の問題が抽出されるようになった。また、2016年前後から増えたのが「品質不正」、「検査不正」である。これらは、1社が発覚した後に、芋づる式に複数社の事件が発覚するという特徴があり、従前から行われていたものの、一時期に大規模に公になり、発覚した問題である。

2．調査結果から発見された2つの分類軸

◉── 2-1．不正行為の主体

不祥事を収集し、17種のカテゴリー化を行う中では、不祥事はある種の軸によっての分類が可能であることが判明した。

1つは、不正行為の主体である。発生件数として最も多かった、横領、背任、不当利得等金銭がらみの問題は、一人または二、三人で個人的に行われている場合が多いものであった。一方、談合・カルテル、不正会計、検査不正、品質不正等の不正行為は、単独であったり少数の者だけで実現させることは困難であり、経理部門または検査部門等で組織的に行われているものと考えられた[3]。

つまり、不正行為を行う主体は、大きく分けて「個人」で行われるものと、「組織」として行われるものが存在すると言える[4]。

また、これらの「個人」、「組織」の軸だけでなく、不祥事には外部の偶発的な問題に巻き込まれるものも存在した。不祥事には、必ずしも企業の責めに帰すべき事由でなかったとしても、不祥事化するものが存在する。例えば、北見(2010)は、「対策不備」を理由とした不祥事が存在することを指摘し、特許訴訟、顧客情報流出、火災等の不祥事が該当するとカテゴリー化している。組織内で、誰かが何らかの不正行為を行ったわけではないが、外部から訴訟を受けたり、ハッキングを受けたり、天災が起こる等して、問題になる事例が該当する[5]。

類似のものに、環境問題等もある。意図的な不法投棄であれば不適切な行為かもしれないが、そうではなくとも、昨今の環境意識の高まりによっては、法令上は問題がなくとも、世論の抵抗を受けることもある。これらは、「不正行為」があったわけではないが、「対策が不十分だったのではないか」と社会から批判されれば、不祥事にはなる可能性がある[6]。

収集された不祥事の全体件数からは多くないものであるが、これらの不祥事は、「個人」や「組織」とは別の軸として切り分ける必要はある。よって不祥事の主体には、「個人」と「組織」、またそれ以外の事由を要因とする「その他」の3つが存在することになる。

◉── 2-2．不正行為への処罰

次に、重要な点として、不祥事として報道されながらも、個々の原因となる不正行為への処罰が明確になされていない例が散見された。

不祥事の中では、たとえ社会的に問題になっていたとしても、特段の処罰を受けないまま終わる例が珍しくないのでは、ということは第1章「3．処罰されない不正行為の存在」で問題意識として述べたとおりであるが、実際に不祥事を収集して観察してみたところ、確かに、個人的な処罰や企業への制裁が明確になされていない例があることが判明したのである。

不正行為の「主体」および「処罰」の二軸から観察された不正行為を分類し

表5-4		調査結果による分類	
		処罰	
		明確	曖昧
主体	個人	脱税、横領・背任、不当利得、贈賄、個人トラブル	労務問題（ハラスメント等）
	組織	表示不正、談合・カルテル、商品事故、情報漏洩、下請法	不正会計、品質不正、検査不正、不適切行為
	その他（外部要因）	事故・トラブル	環境問題（環境汚染等）

出所：筆者作成

たものが**表5-4**である[7]。燃費不正行為のような検査不正問題は、当該分類に従うと、不正行為の主体は「組織」であり、処罰が明確になされない例に該当する。なお、処罰については、**参考資料4**（処罰を考えるうえでの法律の規定）を本章末尾に提示している。

　ここで観察された処罰には、2つのパターンが存在する。1つは、刑事罰または行政罰等の、個人に科される制裁が行われる例である。

　例えば、非常にわかりやすいものとして、横領を取り上げる。横領とは、経理部員や金融関係の職員が会社資金を不正に流用したとして問題になる行為である。法令上は業務上横領罪（刑法第253条）に該当し、業務上、委託信任関係に基づき自己が占有する他人の物を横領することを指す。古くは、1995年に大和銀行のニューヨーク支店に在籍していた銀行員が、損失を取り戻そうとして12年にわたり巨額の横領を行っていたことを自分で告白した事件がある（高橋，2010a, pp.117-118; 高橋，2010b, pp.311-312）。米国では、大和銀行自体が1996年に16の罪状で、当時の米国刑法犯の罰金としては史上最高額（3億4,000万ドル）を科されている。また、本人も禁固刑4年と罰金200万ドルを科され、大和銀行は57万ドルの弁済義務を負った。日本でも、2000年に当時の取締役・ニューヨーク支店長に5億3,000万ドルの損害賠償責任が生じている。この横領のような不正行為は、実行者がおおむね逮捕、処罰されており、それによって事実が明るみとなり報道されている例が多い。

　また、もう1つは、法の執行者である行政機関が明確であり、強制調査等の権限を有するため、企業や個人への制裁力が強化されているものである。国税

による脱税調査や、公正取引委員会による強制調査が該当する。特に公正取引委員会は、景品表示法（景表法）や下請代金支払遅延等防止法（下請法）等の法令を管轄し、企業への執行力を強めてきた歴史的背景があり、強い調査権限を有することから、当該調査を端緒として不正行為が摘発・処罰されている。個人への処罰可能性も明示されている。

　一方で、社会的には大きく報道されているものの、その後の処罰が明確でないものも存在した。例えば、品質不正（品質不正というのは新聞社がこの数年つくった造語であるとも言われる）や検査不正については、多くの報道が散見され、企業側が様々な対応をする一方、特段の逮捕者が出るものではなく、行政からの処罰がなされるような事案も少ない[8]。また、不正会計も、社会的には批判を大きく受けるが、個々の社員が逮捕、処罰されるまでに至るケースが少数である。

　法人による不正行為について、法学の世界では、刑法学の観点から、法人処罰の議論がなされている。法人による不正行為の処罰について、法律の効果が抱える課題があるのではないか、という問題提起である[9]。

　世の中では大きな批判を浴びた不正行為であったとしても、責任を問えない実態がある、という課題感が存在し、「現行の両罰規定では犯行の実態に即していない、対応として不十分である（制裁の効果がない）」（松原, 2014）との主張もある。そしてこれは、企業というものが法人という擬人的な存在であり、複雑な構造を持っていることにも起因する。物理的に実在する人間とは異なるため、大きな事件を起こしたとしても、その組織内の個々人を特定し、罰することが難しいことになる（樋口, 2012; 松原, 2014）。

　そもそも、法律で定められたことから逸脱しているといっても、その結果は一律のものではなく、どのような社会的影響を伴うかは異なる。法律違反であっても、可罰的違法性[10]という言葉があるように、刑罰が科されない場合すら想定される。そのため、同じ法律違反であっても、処罰される場合、されない場合が存在する。

　また、法人処罰の議論では、実際に不正行為があったとしても、その根拠法や調査権限は異なり、処罰結果も異なることも指摘されている（松原, 2014）。実際、企業での不正行為に関しては、行政に不正行為の調査権限が与えられて

いるものもあれば、そこまで明確に与えられていないものもあるし、不祥事として明るみに出た際、個人が刑罰を科されるものもあれば、軽微な罰金等の処分で終わる例もあるのである（**表5-5**）。

　例えば、脱税は、国税局による行政調査や犯則調査が認められ、犯則調査に基づき刑事告訴がなされれば検察庁が捜査を行うことになる。個人への刑罰も定められている。横領・背任は、刑法または商法に定められた犯罪行為であり、疑いがあれば犯罪捜査が行われ、やはり個人への刑罰も定められている。談合・カルテルは、刑法および独占禁止法で禁止されており、法人への高額な罰金、個人への刑罰、および行政処分が予定される[11]。

　一方で、不正会計は、問題として報道されることは多いが、「不正会計」そのものを定めた罪状があるわけではない。違法配当に該当すれば、違法配当罪が、また、有価証券報告書の重大な事項であれば、有価証券報告書虚偽記載罪に該当する可能性が生じ、証券取引等監視委員会による検査・犯則調査が行われることになるが、実際に適用されている例は少ない[12]。これは、有価証券報告書は訂正制度があり、後日、訂正することが可能であること、また、有価証券報告書虚偽記載罪が重大な事項に適用されるという前提があることがあると思われる。

　検査不正も同じであり、検査不正ということ自体を定めたものはない。燃費不正行為に関して言えば、燃費不正行為に関する処罰は、燃費不正行為が社会問題化する前は、法人への罰金のみであり、個人への処罰はなかった。燃費不正行為だけでなく、検査不正のような問題については、予め定められた法令・規則等がなければ、取引を行う企業間での問題で済まされることが多い。

　つまり、刑法犯として個人が逮捕されたり、制裁が科されるものもあれば、業界基準等への違反であっても、単に注意勧告等で終わるものも、立件・処罰されにくい例も存在する。調査に関しても、警察・検察等の公権力による強制調査が可能なものもあるが、そもそも調査を予定していないものなど、様々なものが混在しているのである。

　結果として、行為者が逮捕、処罰される例もある一方、逮捕者が出ない、明確な処罰すらなされないものも存在することになる。特定の個人が行う横領等とは異なり、組織で行われる行為であれば、行為者が特定しがたいことや、可

| 表5-5 | | 不正行為に関する代表的な法令や処罰 | | |

| 不正行為 | 代表的な法令 | 不正行為への捜査・調査 | 処罰 | |
			主な刑罰	その他
脱税	脱税関連（所得税法238条・法人税法159条・消費税法64条）	国税局による行政調査・犯則調査犯罪捜査	10年以下の懲役若しくは1,000万円以下の罰金に処し、又はこれを併科する（法人税法159条1項）その行為者を罰するほか、その法人又は人に対して当該各条の罰金刑を科する（法人税法163条1項）	追徴課税
横領・背任	業務上横領（刑法253条）詐欺（刑法246条）取締役等の特別背任罪（会社法960条）	犯罪捜査	10年以下の懲役に処する（刑法253条）10年以下の懲役若しくは1,000万円以下の罰金に処し、又はこれを併科する（会社法960条）	―
談合・カルテル	公契約関係競売等妨害（刑法96条の6）不当な取引制限（独占禁止法3条）入札談合等関与防止法	公正取引委員会による行政調査・犯則調査犯罪捜査	3年以下の懲役若しくは250万円以下の罰金に処し、又はこれを併科する（刑法96条の6）5年以下の懲役又は500万円以下の罰金に処する（個人）（独占禁止法89条）5億円以下の罰金刑（法人）（独占禁止法95条）	排除措置命令・課徴金納付命令
不正会計	有価証券報告書虚偽記載罪（金融商品取引法197条1項）取締役等の特別背任罪（会社法960条）違法配当罪（会社法963条）詐欺（刑法246条）	証券取引等監視委員会による検査・犯則調査犯罪捜査	10年以下の懲役若しくは1,000万円以下の罰金に処し、又はこれを併科する（個人）（金融商品取引法197条1項）7億円以下の罰金刑（法人）（金融商品取引法207条1項）	公表制度上場廃止
検査不正	自動車の指定（道路運送車両法75条）	―	30万円以下の罰金※2017年から以下に改正1年以下の懲役若しくは300万円以下の罰金（個人）（道路運送車両法106条の4）2億円以下の罰金（法人）（道路運送車両法111条）	―

出所：筆者作成

視性が低いという問題も生じる（松原, 2014）。そのため、不正行為への対策を施す企業側からすれば、明確に処罰されたり、強制調査を受けるような不正行為もあれば、そうではない、言ってしまえば見過ごされやすいと認識される不正行為もあるということになる。

　そして、新聞記事等で報道される不祥事の件数、社会的報道の大きさと、立件されたり、処罰を受ける不祥事の間には乖離があることになる。これは、何を意味するのであろうか。

3．第三者委員会報告書が作成される不祥事

◉─── 3-1．第三者委員会報告書の作成が意味すること

　実は、不祥事を収集する過程では、不正行為の「主体」および「処罰」という第2節で挙げた2つの特徴のほかに、もう1つの事実が発見された。それは、第三者委員会報告書が作成される不祥事が存在することである。燃費不正行為もその1つであり、報道されたすべての企業が、何らかの形での第三者委員会報告書を作成し、自社ホームページで掲出して公表していた。では、なぜ、企業はある種の不祥事に対し、わざわざ第三者委員会報告書を作成し、世の中に公表するのだろうか。本節では、この三点目として発見された疑問について、さらに確認を行っていきたい。

　まず、そもそも第三者委員会報告書は何であるかだが、第三者委員会報告書とは、企業不祥事等が発生した際に、企業が、外部の専門家等から構成される「第三者委員会」に、企業不祥事の要因等の調査を依頼し、まとめられる調査報告書である。

　第三者委員会は、「外部委員会」、「調査委員会」等と呼ばれることもある。歴史的な始まりは、1997年の山一證券の破綻からだと言われている（國廣, 2019）。山一證券では、破綻を知らされたものの納得がいかず、会社に残留し

て原因を究明し続けた社員たちが存在する[13]。原因を究明するに際し、自分たちだけではなく外部の協力者も必要だということで弁護士に依頼し、皆で調査し、調査結果を記者会見で発表した。諸説あるが、この時の調査および報告書「社内調査報告書—いわゆる簿外債務を中心として—」（調査委員会, 1998）が第三者委員会および第三者委員会報告書の始まりだと言われている。

それ以来、第三者委員会の設置、報告書の作成は慣習的に行われている。一般的には、山一證券の時とは異なり、会社の関係者（従業員、役員、顧問弁護士等）は入れずに、公認会計士、弁護士等の外部専門家に依頼することが多い。だが、法律があるわけではないため、社長が入る企業もゼロではない。単に「調査委員会」として内部者で行う場合も存在するが、この場合は第三者委員会報告書とは言いづらいだろう。様々なスタイルが生まれてきている現状から、形式的に第三者委員会を設置している企業もあるのではないか、という批判も存在し、2014年からは第三者委員会報告書を評価する格付け機関も登場している[14]。

第三者委員会報告書も、すべてを公表する企業もあれば、要約版として限定された情報を発表する企業等、その発表の仕方は多様である。2017年に品質不正で問題となった神戸製鋼は、第三者委員会を設置したが、当該委員会による報告書は一部のみを公表するに留まった。理由としては、米国での訴訟問題があるため、すべてを公表できないというものだった。

第三者委員会の設置に対しては、日本弁護士連合会が2010年に、日本取引所自主規制法人が2016年に、第三者委員会の設置方法や報告書についての基準を示している（日本弁護士連合会, 2010; 日本取引所自主規制法人, 2016）。だが、法的規制があるものではない。あくまで企業が任意に行うものであることには変わりはない。

様々な議論が行われているが、いずれにしても第三者委員会を設置することは企業の任意であり、設置してさらに報告書を作成するには、多大な労力および資金が伴うのは事実である。

表5-6	17種の不祥事件数と第三者委員会報告書の作成・公表状況			
	総数	報告書作成・公表		報告書作成・公表割合
		あり	なし	
脱税	5	0	5	0.0%
不正会計	35	20	15	57.1%
表示不正	15	1	14	6.7%
品質不正	14	8	6	57.1%
検査不正	34	17	17	50.0%
商品事故	19	0	19	0.0%
情報漏洩	37	5	32	13.5%
環境問題	10	0	10	0.0%
横領・背任	29	6	23	20.7%
不当利得	49	3	46	6.1%
贈賄	9	1	8	11.1%
事故トラブル	32	6	26	18.8%
談合・カルテル	33	2	31	6.1%
労務問題	26	1	25	3.8%
個人トラブル	16	1	15	6.3%
下請法	3	0	3	0.0%
不適切行為	38	12	26	32.4%
	404	83	321	20.5%

$\chi^2 = 91.0523$ （$p<0.01$）
自由度 （s-1）*（t-1）16
出所：筆者作成

◉── 3-2. 第三者委員会報告書が作成される分野の偏り

　それでは、第三者委員会報告書は、どのような不祥事に対し作成されているのであろうか。そこで、本章第1節において収集し、カテゴリー化した不祥事に対し、第三者委員会報告書の作成状況を確認することにした。カテゴリー化した17種の不祥事件数と、第三者委員会報告書の作成・公表状況をまとめたものが**表5-6**である。第三者委員会報告書が作成されているかは、自社ホームページ等での掲出状況により確認しているため、作成されかつ公表されている第三者委員会報告書を確認している。

表5-7		第三者委員会報告書の作成が多い分野	
		逸脱への処罰	
		明確	曖昧
主体	個人	脱税、横領・背任、不当利得、贈賄、個人トラブル	労務問題（ハラスメント等）
	組織	表示不正、談合・カルテル、商品事故、情報漏洩、下請法	不正会計、品質不正、検査不正、不適切行為
	その他（外部要因）	事故・トラブル	環境問題（環境汚染等）

出所：筆者作成

第1節の17種のカテゴリーに従い、あてはめると第三者委員会報告書の作成・公表状況には、ある種の偏りが存在することが見出された。第三者委員会報告書が作成・公表される不祥事は「不正会計」、「品質不正」、「検査不正」に集中しており、いずれも割合が50％を超えているのである。

第三者委員会報告書等の作成・公表率が最も高いのが、「不正会計」と「品質不正」の57.1％であり、次いで「検査不正」の50.0％であった。「不適切行為」も30％を超え、17種の中では多い方であるが、その他として雑多なものを1つにまとめているため、1つのカテゴリーにすることは適さないとした。クロス表の検定結果からは、「不正会計」、「品質不正」、「検査不正」の3つの分野は、第三者委員会報告書が作成されやすい傾向があると言える。

一方、インターネット検索で件数が非常に多かった「横領・背任」、「不当利得」はさほど第三者委員会報告書が作成・公表されていない。「不当利得」に関し第三者委員会報告書等が作成・公表されたものは6.1％であり、「横領・背任」も20.7％の作成・公表率にとどまる。

つまり、第2節で確認された不祥事の「主体」および「処罰」の二軸の分類によれば、主体が組織であり、処罰が明確になされない不祥事に対し、第三者委員会報告書の作成・公表が集中しているのである。第2節で確認した不祥事の分類に対し、第三者委員会報告書の作成・公表状況が多い分野を網掛けしたものが**表5-7**である。燃費不正行為が該当する検査不正も含まれる。

次の第4節では、この主体が「組織」であり、処罰が「曖昧」という2つの特徴から、どのようなことが示唆されるのかについて、分析をしていきたい。

4．「組織的」、「処罰が明確でない」ことの特性

●── 4-1．「組織的」から導き出される特性

　第三者委員会報告書の作成が多い不祥事の第一の特徴は、主たる主体が「組織」であり、組織的に行われていることである。不祥事件数として多かった「横領・背任」、「不当利得」等は、主に一人または二、三人によって実行されるものである。横領は主に個人的に、不当利得は取引先や上司と共謀することはあっても、組織全体で行われることは少ない。

　一方の「品質不正」、「検査不正」等は一人で実行することが難しい。品質管理や、検査実行に関わる、少なくとも特定の部署、チーム内の共通認識が求められる。場合によっては、時間を経過して人が替わっても代々引き継がれていく。

　事実、製造業の品質不正や検査不正は、10年、20年の長きにわたり行われていたと発表される例も少なくない。長期間、100％同じ人員だけで組織が構成され続けているということは考えづらく、不正行為が行われている間には異動、退職等の人員の新陳代謝があったはずである。だが、それでも不正行為が継続して行われていたということになる。組織的な不正行為というものは、誰か一人が欠けてもなお継続されるということを意味している。

　また、組織的であるということは、次の処罰の観点にもつながる問題がある。それは、組織的に行われ、時に様々な部署が関わるような行為ともなれば、誰が主たる行為者であるかを特定することが困難化するということだ。さらに言えば、問題が発覚したのがある特定の時点だとしても、過去から脈々と受け継がれてきた行為であれば、原因や理由は発覚した時点より過去に遡る必要がある。そもそも誰が最初の行為者であるかが明確でなく、誰を処罰すべきかということすら、曖昧になる可能性があるのである。

◉—— 4-2.「処罰が明確でない」ことから導き出される特性

　第二の特徴は、「処罰が明確になされていない」ことである。不祥事のうち、「横領・背任」、「談合・カルテル」等は刑法に行為の構成要件が定められている。解釈の余地は残されているが、処罰内容は、はっきりとしている。2000年代、2010年代を通じても恒常的に発生していることは、社会慣習的にも不正行為としての要件が確立しているからである。

　一方の「品質不正」、「検査不正」等は、ここ最近で明るみになり始めた事案である。顧客との取り決めや、業界内の規則等に従うものであり、一律の規定があるわけではない。さらに言えば、私人間の取引に関わるものであることから、当事者間の合意があれば問題にならないこともある。

　「不正会計」は、以前から発生しているものの、基準となる会計規則に従い、どのような仕訳にするかの具体的手続きは各企業によって特徴がある。違法でなければ、ある程度任意で企業が判断するものであり、不正と判断されなければ、より良い会計基準を模索するのが通例である。会社にとって得となる会計上の仕組みができればそれは良いことだと褒められる。決してそれだけで不正会計、会計操作とは言われない。これは「良い横領」、「良い談合」というものが存在しないこととは対比されよう。

　処罰の明確性は、法律への抵触条件がはっきりしているもののほかに、公的な捜査権が行政等に付与されているか否かも関わることは上述したとおりである。例えば脱税は、刑法犯ではないが、国税当局による調査権が認められており、広範に守るべき指針に基づき調査を行っている。それに対して、不正会計については、調査する主体は公認会計士である。有資格者であり、一定の社会的信頼はもちろん獲得しているが、公的な捜査権があるわけではなく、違反していれば是正措置も認められる。即処罰されるものでもないという点では、法律上の抵触条件は異なるものだと言える[15]。

◉── 4-3．示唆される不正行為の常態化の条件

　本章では、不正行為の特性を探るため、世の中で報道される不祥事を17種にカテゴリー化したうえで、不祥事に関する複数の特徴を発見した。以下に本章での事実発見を整理する。

（ａ）「不正会計」、「品質不正」、「検査不正」は、半数以上で第三者委員会報告書が作成・公表され、他カテゴリーと比べて群を抜いて割合が高い。
（ｂ）この３つのカテゴリーは、いずれも主体が「組織」であり、処罰が「明確でない」不祥事に分類されるという共通点がある。

　そして、本章の事実発見は、第３章で確認した既存の理論では説明のつかない不正行為に対し、次の２つの可能性を示唆している。

　第一に、組織的に行われているということは、関係者が多いことを示す。関係者が多いということは、特定の人物が入れ替わったとしても、当該不正行為が組織的に維持され、長期化する可能性がある。また、不正行為を特定の個人と結びつけ、個人の非倫理的な逸脱行為や、個人の合理的利得に理由を求める理論では説明がつかないということも意味する。

　第二に、処罰の明確性が低いということは、組織内で下される判断には幅が生じるということを示す。判断の幅があるということは、そこでどこだけ安全策をとるか、はたまたぎりぎりの対応をするのか、判断には幅が生じることを意味する。

　そして、不正行為への処罰が明確でなければ、安全策をとるための根拠は弱くなる。誰か一人がおかしいと思っていても、組織内で歴史的に引き継がれてきた行為であれば、受け入れられる可能性も低い。仮に組織内で社会化が進んでいれば、そもそもの異議を唱えること自体が困難化する。特に、誰かが直接損害を被る可能性が見えづらい不正行為であれば（不正会計、検査不正等）、行為と結果の連鎖の距離が遠く、被害が見えづらいため、是正する根拠はより難しくなることも予測される。

つまり総合すれば、本章の発見事項は、主体が「組織」であり、不正行為への処罰が「明確でない」という２つの条件が揃った時、不正行為は常態化して継続される可能性が高いという仮説を示唆しているのである。組織的であるがゆえに、人が替わっても不正な行為が維持され、処罰がなされないことから発覚もしづらく、より一層長期化する傾向があると考えられる。

　そして、結果的には、それらの不正行為が明るみになった際には、「なぜこんなことが長期にわたって継続していたのか」と、大きな社会問題を引き起こす。企業にとってみれば、説明責任を果たすためにも、第三者委員会を組成して外部調査を実施し、第三者委員会報告書を作成する必要に迫られる事態になっていると考えられるのである。これらの事実は、従来の理論では議論されてこなかった点である。

　本書では、本章の分析を踏まえ、第４章で考察した燃費不正行為のメカニズムについて、再度、迫っていきたいと考えている。

(1)「不祥事」と「不正行為」の区別は、第７章第１節の「1‐1．本書が示す重要な用語の定義」で説明している。

(2) 2022年４月より、東京証券取引所の市場区分は、第一部・第二部・JASDAQ・マザーズの区分から、プライム・スタンダード・グロースの市場区分へと変更された。本章での調査が行われたのは、旧市場区分の2020年時点であり、TOPIX500も当時の基準を用いて抽出されている。TOPIX500と類似のものに、TOPIX225等も存在したが、かなり企業が厳選されており、不祥事を収集するという意味では、適さない（少なすぎる）と判断した。

(3) 稲葉（2017）は、企業不祥事の事例集（齋藤, 2007）に基づき、不祥事の主体を個人・組織で分類している。稲葉（2017）は、間嶋（2013）を参考にしながら、集められた150ケースのうち、個人が27％、組織が73％だと指摘した。事例集に掲載されるような大きく報道された不祥事には、個人が起こすものよりも、組織によって行われるものの方が多いと考えられる。

(4) ここでいう「個人」には、二、三人の少数の者で行われる場合も含めている。正確には「個人的に」というべきものであり、総称して「個人」と定義している。

(5) 青木（2015; 2021）は意図的なものと、事故によるものをそれぞれ「意図的不祥事」、「事故的不祥事」として分類している。

(6) 組織外部に要因を求めるもう１つの視点が、利害関係者によって起こされる不祥

事である。わかりやすい例が、顧客への対応が不十分であったこと等から派生し、社会的に問題となるような事例である。不正行為とは言い難いが、不祥事には発展することがある。

(7) 本書では贈賄を主たる行為者を「個人」の不正行為に分類している。だが、シーメンスの国際的な贈賄事件（Berghoff, 2018）のように、グローバル企業で広範かつ組織的に行われているものも存在する。本章の研究は抽出された代表的な不祥事をもとに分類しているため、このような分類にしている。

(8) 厳密には逮捕されることと処罰を受けることは等しいものではなく、逮捕されたとしても、処罰されない可能性は残る。ただし、処罰の蓋然性を高める事実であることや、一般私人にとって逮捕が重要な意味を持つことなのは、共通の認識といって差し支えないであろう。

(9) 法律の効果とは、法律要件によって生じる様々な権利義務のことである。刑法であれば、それぞれの犯罪に必要な条件が条文で定められており、当該条件を構成要件という（内田・杉本, 2023, p.3）。ただし、構成要件を満たしても、違法性が阻却されるとして、例外的に罰せられない場合もある。例えば、プロボクサーが対戦相手をノックアウトしても傷害罪として罰せられないのは、正当業務行為として認められるからである（内田・杉本, 2023, pp.150-152）。同様に違法性が阻却されるものに、正当防衛、緊急避難がある。もちろん、正当業務行為、正当防衛、緊急避難等として認められるには一定の要件がある。

(10) 刑法の構成要件（条文上の窃盗の成立要件）は満たすが、処罰に値する（可罰的な）レベルに達していない場合には、可罰的違法性を満たすことができないとして、犯罪の成立が認められないことを指す（内田・杉本, 2023, pp.117-118）。損害があまりにも小さすぎるもの（1円に満たない）、保全される法益が高いもの（表現の自由を守ろうとした）等がある。

(11) 独占禁止法の制裁と経営への影響については、清水（2002）でも指摘されている。

(12) 有価証券報告書虚偽記載に関する違反行為に対して刑事罰を課すためには、十分な証拠収集等、多大な時間・コストが必要となり、結果として課徴金で済ます例が多いとされる（大和総研, 2006）。

(13) 『しんがり山一證券最後の12人』（清武, 2013）として小説化されている。

(14) 有志の専門家によって「第三者委員会報告書格付け委員会」が運営されている。第三者委員会報告書格付け委員会（http://www.rating-tpcr.net/）。

(15) 不正会計で処罰・逮捕される例は少ないものの、まったくないというわけではない。2011年に発覚したオリンパスの不正会計事件では、長年にわたり損失を隠す「飛ばし」を行っていたともされ、共謀した投資会社の者に詐欺罪が成立、オリンパスの元会長兼社長・元副社長等が逮捕されている（澁谷ほか, 2020）

（参考資料３）日経新聞記事検索による新聞記事出現数

　不祥事収集について、補足的に行った新聞記事検索の結果は表5-8のとおりである。17種のカテゴリーに従って、2000年から2019年までの日経新聞記事へのキーワード検索を行っている。

　税務・会計上の不祥事である「脱税」と「不正会計」について言えば、「脱税」は徐々に減少傾向であるものの、「不正会計」は年度による差異が大きい。これは、不正会計については、エンロン、ワールドコム等、グローバル企業の不正会計が摘発された時期は注目されるため記事数が多くなる傾向がある。

　また、全体として減少傾向ではあるものの、「談合」は一時期に記事数が急激に伸びている。もともと、行政や有名企業が起こすと集中的に記事が増加するが、それに加え、1990年代前半にゼネコン汚職が多発し、反談合キャンペーンのようなことが起きたこと、2005年の独禁法改正で談合に課徴金や重い処分が科されるようになったこと、また大手ゼネコンが共同で「談合決別宣言」を出したこと等が影響していると推測される。

表5-8　日経新聞記事検索による新聞記事出現数

	脱税	不正会計	表示不正	品質不正	検査不正	商品事故	情報漏洩	環境問題	横領・背任	不当利得	贈賄	事故トラブル	談合カルテル	労務問題	個人トラブル	下請法	不適切行為	計
2000	334	94	17	0	0	489	187	265	509	379	257	43	573	46	91	2	160	5,446
2001	333	97	23	0	0	295	257	366	773	575	341	15	463	47	163	1	190	5,940
2002	568	860	31	4	3	209	233	318	491	480	335	37	445	55	163	2	152	6,388
2003	324	389	35	3	1	108	240	295	623	497	244	97	520	58	121	3	126	5,687
2004	292	379	38	0	6	309	602	309	509	598	261	65	484	73	172	4	97	6,202
2005	254	678	37	0	0	71	1026	286	605	602	166	70	919	45	193	5	108	7,139
2006	344	917	51	0	0	59	798	199	788	658	287	30	1951	78	451	7	112	8,736
2007	207	803	46	2	1	55	359	180	661	623	271	27	1559	106	311	8	153	7,379
2008	238	440	49	1	0	26	371	131	461	491	387	25	715	87	325	12	84	5,851
2009	321	350	42	0	0	25	373	99	477	625	164	25	408	87	189	10	103	5,315
2010	265	253	16	0	0	36	375	73	310	513	189	7	300	74	121	14	37	4,593
2011	178	126	17	1	0	144	225	48	208	378	99	15	219	55	115	10	45	3,894
2012	165	264	32	0	0	67	307	42	214	377	162	51	320	64	233	24	32	4,366
2013	247	164	64	0	1	31	314	43	306	460	148	35	287	126	122	16	72	4,448
2014	172	102	34	0	2	28	388	59	215	394	151	50	411	112	62	13	38	4,245
2015	207	241	30	2	5	10	307	49	230	416	163	39	239	119	63	7	21	4,168
2016	202	177	14	1	324	55	266	40	255	429	129	56	207	171	90	18	44	4,494
2017	164	157	44	31	142	6	209	34	295	484	210	31	240	255	34	14	67	4,500
2018	168	166	38	124	146	24	224	70	274	374	210	15	311	353	71	10	96	4,701
2019	101	173	35	41	139	3	225	34	331	279	139	14	207	295	33	5	67	4,140
計	5084	6830	693	210	770	2068	7286	2993	8535	9698	4322	747	10778	2306	3123	195	1804	107,632

出所：筆者作成

2010年代に急に増えた不祥事が、「労務問題」と「品質不正」、「検査不正」である点は、インターネット調査の結果と同じである。「労務問題」のうち、特にパワーハラスメントは、2000年代はほぼ、新聞記事に登場していなかったが、徐々に数が増え始めた。

（参考資料 4）処罰を考えるうえでの法律の規定

■刑法と特別刑法

　私たちが生活するうえで逮捕、処罰されると言った場合、まず思い浮かべるのは刑法である。だが、私たちが処罰を受ける根拠法は刑法だけとは限らない。刑法には、第 9 条に「死刑、懲役、禁錮、罰金、拘留及び科料」と処罰の内容が定められているが、前条の第 8 条には、「この編の規定は、他の法令の罪についても、適用する。ただし、その法令に特別の規定がある時は、この限りでない。」と定められている。刑法以外の「他の法令の罪」も該当するのである。

　刑法第 8 条で言及されている、他の法令を特別刑法という。安冨（2020, p.3）によれば、特別刑法とは、「『刑法典』以外の刑罰法規を総称するもの」であり、特別刑法かどうかは、「『犯罪と刑罰』について規定しているかどうか」で決められる。

　特別刑法に該当するものには、違法薬物に関するものから（覚醒剤取締法、大麻取締法）、人間関係にまつわるもの（ストーカー規制法、DV 法）、インターネットに関するもの等（不正アクセス禁止法）、非常に幅広いものが存在する（安冨, 2019; 2020）。そのため、第 5 章の表 5 - 5「不正行為に関する代表的な法令や処罰」においても、刑法以外の法律（会社法、金融商品取引法等）が多く該当している。なお、法律の中の一部の条文が刑罰に関わるものである場合、当該法律全体ではなく、当該条文が特別刑法に該当する。

■逮捕

　不正行為によって罪に問われるか否かという問題とともに、当該不正行為によって従業員または役員が逮捕されるか否か、というのは会社運営にとって大きな問題であると言える。会社から逮捕者を出す、という事実になるからだ。

　逮捕には、事前の逮捕状に基づく通常逮捕のほか、緊急逮捕（事後に逮捕状は要する）、現行犯逮捕がある。緊急逮捕とは、その名のとおり緊急的な事由が求められる場合に限られ、現行犯逮捕は、「泥棒」と叫ばれて明らかに追跡されている等、現に罪を行っている者を捕まえる場合である（吉開ほか, 2023, p.86）。いずれも限定的なケースとなり、会社の不正行為が問われる場合には、通常逮捕が該当することが最も想定される。

　通常逮捕には、①逮捕の理由および必要（実体要件）と、②逮捕状の請求・発布（手続要件）の 2 つの要件を備える必要がある。実体要件には「被疑者が罪を犯したことを疑うに足りる「相当な理由」があること」が求められる（刑事訴訟法199条 1 項, 安冨, 2021, p.68）。そのため、単に取り調べを行うことを目的として人を逮捕することはできない。また、逮捕によって身柄を拘束する目的は、逃亡および証拠隠滅のおそれを防止することにある（安冨, 2021, p.67）。

■取り調べ

　逮捕はされなくとも、会社の役員または従業員が取り調べを受けるということはある。捜査機関は、被疑者（犯罪の嫌疑をかけられ、捜査機関による捜査の対象とされている者）に対しては、任意で出頭を求め、取り調べることができるからだ。ただし、取り調べはあくまで逮捕とは異なるので、被疑者は取り調べの要請に対し、同行を拒否することも、たとえ同行したとしても、いつでも退去することが許される（刑事訴訟法198条 1 項, 安冨, 2021, p.135）。

　逮捕と取り調べを会社の不正行為にあてはめれば、役員または従業員が行った行為に関し、逮捕の二要件を満たしていれば逮捕される可能性があり（逃亡・証拠隠滅の恐れがないとして逮捕されない可能性もあるが）、逮捕の要件までは満たしていないものの、罪を犯している疑いがあれば、捜査機関から任意で取り調べを要請されることがある。

■捜査

　そもそも、捜査が行われていなければ、通常逮捕や取り調べには行きつかない。では、捜査は

どのように始まるのであろうか。その端緒は様々であり、何によって開始されるか、特に限定されるものではない。告発によって始まる場合もあれば、新聞記事やインターネットの書き込みから捜査が始まる場合もある（吉開ほか, 2023, p.36）。

　捜査を行う権限を有するのが、捜査機関である。捜査機関には、警察官、検察官、検察事務官のほか、海上保安官のような特別司法警察職員も存在する（安冨, 2021, p.37）。また、行政機関に与えられる犯則調査権限もある。例えば、公正取引委員会には、一定の事項に関し、臨検、捜索又は差押えを行うことができる犯則調査権限が認められている[1]。こういった権限が捜査機関以外にも認められている不正行為は、監視が強化されているということであり、不正行為への発見可能性も高まる。そして当該不正行為は、捜査対象となること、処罰を受ける可能性も高くなることが考えられる。

■起訴・不起訴

　捜査が行われ、取り調べを受け、逮捕されたとしても、処罰されるかはまだわからない。起訴され、有罪にならなければいけない。起訴するかどうかの判断は検察官が行うが、検察官が起訴する割合は、受理したもののうち、37％とされている[2]。犯罪の成立を認めるべき証拠がない「嫌疑なし」、証拠が不十分な「嫌疑不十分」として不起訴になる場合もある（吉開ほか, 2023, p.138）。

　社会的に報道されたとしても、不正行為として処罰されていないものが多々あるのは、①捜査機関による捜査が行われなかった、②捜査は行われたが不起訴になった、③起訴はされたが有罪にならなかった、等の理由が考えられる。

■両罰規定

　会社は、法人というように、私たち自然人とは区別される存在である。本来、刑罰とは、行為者である自然人に課されるものであるが、罪を犯した行為者とともに、所属する企業（法人）を処罰しようとするものが、両罰規定である。両罰規定が予定されるものは、法律の中に「法人の代表者又は法人若しくは人の代理人、使用人その他の従業者が、その法人又は人の業務に関して前○条の違反行為をした時は、行為者を罰するほか、その法人又は人に対して各本条の罰金刑を科する」といった内容の規定が設けられている[3]。

　刑罰が自然人を前提としたものである以上、すべての刑罰が法人に適用されるわけではない（法人に懲役等の刑罰を課すことはできない）。両罰規定は罰金・課徴金として行われることになるが、金銭的な負担であるゆえに、一定金額を支払えば責任を免れる、つまり金銭的な問題で解決できるとも捉えられかねない。近年、罰金・課徴金の金額は引き上げられる傾向にある。

---

(1)（参考）公正取引委員会「犯則調査権限」（https://www.jftc.go.jp/dk/seido/hansoku.html）。

(2) 日本は有罪率が非常に高いと言われているが、それはこの37％の数値を分母としている。（参考）法務省「我が国の刑事司法について、国内外からの様々なご指摘やご疑問にお答えします。」、「Q13日本の有罪率は99％を超えています。なぜそのような数値なのですか。」（https://www.moj.go.jp/hisho/kouhou/20200120QandA.html#Q13）。

(3)（参考）参議院法制局「法人企業の処罰」（https://houseikyoku.sangiin.go.jp/column/column034.htm1）。

第 **6** 章　組織的な不正行為の
常態化メカニズム

概要

　第5章では、不祥事の特性を探るべく、インターネット調査により世の中の不祥事を収集したうえで、17種のカテゴリー化を行った。そして、17種にカテゴリー化された不祥事が、「主体」、「処罰」の二軸で分類可能であることを示した。さらには、17種にカテゴリー化された不祥事のうち、「不正会計」、「検査不正」、「品質不正」は、第三者委員会報告書が作成・公表される割合が非常に高いこと、また、いずれの不正行為も「主体」は組織であり、「処罰」が明確でない、という特徴を備えていることを指摘した。

　本章では、まず、第5章の分類軸（主体、処罰）に従い、燃費不正行為および三菱自動車が過去に経験した不正行為を整理する。そのうえで、第4章では十分に説明することのできなかった燃費不正行為の特性について、より深く探求し、不正行為のメカニズムを導き出すことを目的としている。

1．第5章からの考察

◉── 1-1．三菱自動車が経験した過去の不正行為

　第4章で考察したとおり、三菱自動車は、過去に幾度かの不正行為が発覚し、乗り越えてきた企業である。しかし、第5章では、不祥事には様々なものがあり、主体や処罰という観点で分類できることを確認した。つまり、三菱自動車が不正行為を乗り越えてきたと言っても、それらの不正行為には、それぞれ違った特徴があり、燃費不正行為とは異なる種類のものだった可能性も生じる。そこで、本章では最初に、三菱自動車の過去の不正行為を振り返り、その内容を精査したいと考える[1]。

　対象となる不正行為は、三菱自動車で1990年代から2000年代にかけて発生した、（1）米国子会社でのセクシャル・ハラスメント問題、（2）総会屋問題、（3）リコール問題の3つの不正行為である。

（1）セクシャル・ハラスメント問題

　最初は、米国でのセクシャル・ハラスメント問題である。三菱自動車は1985年に、米国のクライスラー・コーポレーションと、合弁会社ダイヤモンド・スター・モーターズ・コーポレーション（DSM）を設立している。なお、その後、同社の全株式を取得して、ミツビシ・モーター・マニュファクチュアリング・オブ・アメリカ・インク（MMMA）と社名変更した。

　まず、1994年に、DSMの女性社員29人がセクシャル・ハラスメントの被害を受けたとして、DSMを相手に民事訴訟を起こしている。また、それより以前の1992年から、米国雇用機会均等委員会（以下「EEOC」）に対し、DSMの女性社員からセクシャル・ハラスメントの訴えがなされており、これを受けたEEOCは1995年から調査を行っていた。EEOCは、調査の結果、セクシャル・

ハラスメントが極めて深刻であると判断し、1996年にMMMAを相手に集団訴訟を起こしている。

前者の民事訴訟については、MMAは、1997年に、訴えを起こした29人のうち、27名と和解が成立したと発表した。和解内容は公表されていない。後者の集団訴訟についても、1998年に、EEOCがMMMAと共同会見を行い、和解したと発表した。EEOCとの和解でMMMAが支払う和解金は3,400万ドルだった[2]。

(2) 総会屋問題

1997年には、三菱自動車の幹部による、総会屋に対する利益供与が発覚した。

総会屋とは、株式会社の株式を保有することで、株主としての権利行使だけでなく、会社へ不当な要求を行ったりする者たちを指す。不当な要求を認めさせるためには、例えば、株主総会に出席したうえで、不適切な発言をして議事を妨害しようとしたりする。総会屋におとなしくしてもらうためにと、企業が金銭を供与することもあり、過去には様々な形で社会問題となっていた。多くの企業で事件が起きており、1990年代に経団連が企業倫理に力を入れた社会背景の1つでもある。

三菱自動車は、株主総会における円滑な議事進行の協力に対する謝礼として、1995年から1997年にかけて3回にわたり、総会屋の妻が経営する「海の家」の利用料の名目で、計933万円を妻名義の銀行口座に振り込んでいた。総会屋への利益供与を行っていたとして、前総務部長ら3名が商法違反（利益供与）の疑いで逮捕され、起訴もされた[3]。3人は公判で起訴事実を全面的に認め、翌年には執行猶予付きの有罪判決が言い渡された。

(3) リコール問題

そして、2000年代初頭にリコール問題が発生した。リコールの届出を怠り、結果としては重大な事故につながり、死者が発生した事案である。

自動車会社は、販売した車に関する不具合情報を入手した場合、不具合につ

図6-1　リコール届出の流れ

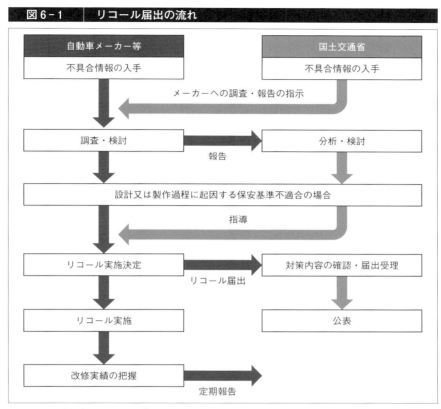

出所：国土交通省ホームページ「リコール制度の概要について」(https://www.mlit.go.jp/jidosha/carinf/rcl/report.html)

いて調査・検討を行い、検討結果を国土交通省に報告する義務がある。自動車は命を預かる乗り物である以上、不具合が設計または制作過程に起因するもので、自動車の保安基準に不適合である場合には、改善措置を行う必要があるからだ。この自動車会社による改善措置に伴う一連の手続きをリコール制度という（図6-1）。リコール制度は自動車メーカー等による自主的な実施が基本とされる[4]。

日本の自動車会社によるリコールの届出件数は、過去30年を振り返ると、増加傾向にある（図6-2）。これは、安全性が低下し、リコールとなる問題が増

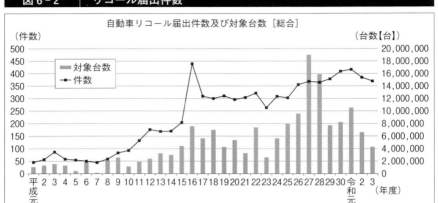

図6-2　リコール届出件数

出所：国土交通省ホームページ「各年度のリコール届出件数及び対象台数」（https://www.mlit.go.jp/jidosha/carinf/rcl/data_sub/data004.html）

えているというよりも、過去の方が、リコールを隠さなければならないという意識が高かったのではないかと推測する。

　三菱自動車では、2002年に三菱自動車製の大型トラックに起因する死傷事故が二件起きている。この背景に、リコール届出を怠った問題があり、2003年に三菱自動車は、大型トラックに関するトラック・バス部門を、三菱ふそうトラック・バスとして分社化している。

　一件目の事故は、三菱自動車製の大型トラックのフロントハブが破損し、タイヤが脱落、脱落したタイヤが坂を約50m転がり、歩道を歩いていた母子三人を直撃したものである。その結果、母親は亡くなってしまった。

　三菱自動車は、大型トラックのフロントハブが破損する不具合を、1992年から把握していた。三菱自動車によれば、フロントハブの破損は設計段階での強度不足が原因だと結論づけたうえで、1993年から強度を増した対策済みのハブを新規生産車に装着した。ただし、すでに販売している車両には、ハブは定期交換部品であるから対策不要とした。その後の市場における不具合も報告されていたが「ホイールナットの締付けが確実で、締結力が低下しない限り、不具合は発生しない」として、新たな対策は講じられていなかった。

　二件目の事故は、山口県の山陽自動車道熊毛インターチェンジ付近で、三菱

自動車製大型トラックのクラッチハウジングが破損し、ブレーキパイプが損傷、車両が制御不能となった結果、トラックは道路脇のコンクリート壁に衝突し、運転手が死亡したものである。

　三菱自動車は、1992年以降、クラッチハウジングの破損に伴う不具合が継続して発生していることを把握していた。しかし、クラッチハウジングの破損が安全基準を満たしていない設計であること、製造過程で亀裂が発生していることを認識しつつも、すでに販売された車両については、対象範囲の特定が困難等の理由により、「リコールはせず指示改修とする」ことを1996年の社内会議で決定した。しかも、積極的には入庫の案内をせず、「入庫してきた車両を改修する」と決定していた。

　実は、三菱自動車では、大型トラックの死傷事故が起きる以前の2000年に、運輸省（現国土交通省）の立ち入り検査を受けている。その際、商品情報連絡書の二重管理、定期監査時の未開示や、ヤミ改修やクレーム情報の隠蔽を行っていたことが発覚した。ヤミ改修とは、本来、自動車会社がリコールを行う場合、不具合状況やその原因、改善措置の内容、ユーザーへの周知方法等について、運輸省に届出を行わなければならないところ、届出を行わずに、ユーザー対応のみを行うものであり、市場からリコールの事実を隠していることにつながる。運輸省からは、18カ月の指名停止処分、運輸大臣名による警告文書による厳重注意、リコール業務適正化の指示を受けた。三菱自動車はこれらの問題を受け、過去2年間の不具合案件の精査を行ったとしていたが、それにもかかわらず、2002年に二件の事故が起きたことになる。

　2つの事件はいずれも、リコール隠蔽体質が直っていなかったとして、社会でも大きく騒がれた。一件目の事故ではその後、三菱自動車の幹部ら五人が道路運送車両法違反（虚偽の報告）で、二人が業務上過失致死傷（刑法第211条）で逮捕され、法人としての三菱ふそうも虚偽報告容疑で書類送検された。二件目の事故後は、三菱自動車の幹部ら6人が業務上過失致死傷（刑法第211条）で逮捕された（齋藤, 2007, p.113）。

表6-1		三菱自動車で起きた不祥事の分類	

		逸脱への処罰	
		明確	曖昧
主たる行為者	個人	総会屋問題	米国でのセクハラ問題
	組織	リコール問題	燃費不正問題
	その他（外部要因）		

出所：筆者作成

●——1-2．過去の不正行為の特性からの分類

　ここで、三菱自動車で発生した過去の3つの不正行為（1）米国子会社でのセクシャル・ハラスメント問題、（2）総会屋問題、（3）リコール問題を、第5章の分類に従い整理する（**表6-1**）。

（1）米国子会社でのセクシャル・ハラスメント問題

　セクシャル・ハラスメント問題は、主体の観点から分類すれば、個人が行う行為であると整理される。処罰の観点では、米国では厳しい取り扱いがなされていたわけだが、日本でセクシャル・ハラスメント問題が重要視され、法制度が整備されるようになったのは、三菱自動車の問題が発生した頃よりも後のことである。法制度が整備されていなかった事情を鑑みれば、日本においては、処罰の観点では明確ではない不正行為だったと言える。

（2）総会屋問題

　総会屋問題は、金銭の授受等が発生し、旧商法の利益供与罪に基づく逮捕者も出ている。仮に、当時の社会状況として、総会屋対応を行うことが一般的だったとしても、処罰の観点では明確な不正行為であったと言える。だが、主体の観点からは、個人的に数名が行った行為であり、（1）米国子会社でのセ

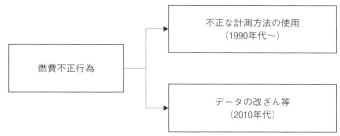

出所：筆者作成

クシャル・ハラスメント問題と同様に、主たる主体は個人であったと考えられる。

(3) リコール問題

リコール問題は、品質問題に関わるヤミ改修やクレーム情報の隠蔽が長きにわたり行われた問題である。死傷事故が起きたという点では、社会的な影響も大きかった。三菱自動車からは、道路運送車両法違反（虚偽の報告）および業務上過失致死傷（刑法第211条）に基づく逮捕者も出ている。ヤミ改修やクレーム情報の隠蔽が、社内での会議等を経たうえで決定だったことを考えれば、主体の観点からは、組織的に行われていたと言え、逮捕者が出ていることからは、処罰の観点では明確な不正行為であったと言えよう。

一方で、第4章で考察した燃費不正行為はどうであろうか。上記3つの不正行為と同じように大きく取り上げられ、その後、日産の資本提携まで行われることになった問題であるが、実は、リコール問題のような処罰はなかった。当時の社長や副社長が辞任し、会長であった益子が社長に就任する等、経営体制の変更は行われたが、誰かが逮捕されたという類のものではない。

三菱自動車の燃費不正行為は、長年行われてきた不正な測定方法による不正行為、およびデータ改ざん等を伴う不正行為の2種類から構成されている（**図4-4**〈再掲〉）。

市場で定められた燃費測定行為から逸脱していたものの、その処罰や結果については、リコール問題のようなものがなされてなかったというのが実情である。第5章で行った不正行為の分類の枠組みで確認すれば、燃費不正行為は、「組織的」に行われ、「処罰」も明確でないというものであり、三菱自動車がこれまで対峙した不正行為とは性質が異なるものであると考えられるのである。

　燃費不正行為が、それまで三菱自動車内で発覚してきた不正行為とは異なる不正行為であるならば、三菱自動車がそれまでの不正行為に基づく対策を施してきながらも、燃費不正行為を防ぎきれなかったという事実と、辻褄が合う。第4章では、3つの視点では十分に説明できなかったこと（善・悪の二分論では説明しがたかったこと［倫理的視点］、特段の得られる便益が見当たらなかったこと［合理的視点］、一方で、完全にmindlessとは言えない状態だったこと［社会的視点］）も、燃費不正行為の特性に起因するのではないかと思われる。

　本章は、第4章・第5章の分析を踏まえ、改めて燃費不正行為の特性を考察する。燃費不正行為とは何なのか、改めて考えるには、燃費という指標をより深く捉える必要がある。なぜなら、不正行為が法令・規則という基準からの逸脱であるならば、燃費不正行為では、その基準を司るのが燃費という指標であるからだ。指標に立ち戻って改めて考えることで、なぜ処罰が曖昧になりえたのか、それが何を意味しているのか、燃費不正行為のメカニズムを分析したい。

▌2．燃費計測が抱える課題

◉───2-1．燃費は固定化できないグレーゾーンのある指標

　実は、燃費は、一律に定義できないグレーゾーンのある指標であることがわかっている。燃費にグレーゾーンが存在することは、「カタログ燃費」という言葉が存在することからもわかる。カタログ燃費とは、自動車会社がカタログ等で広告する燃費（カタログ燃費）であり、実際に消費者が運転した際の燃費

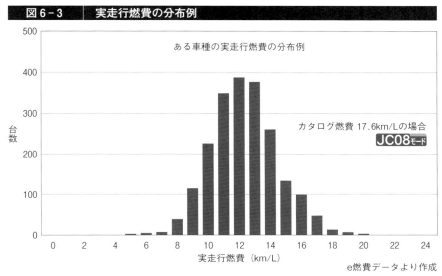

　（燃費実走行燃費）と同じにならないことは、消費者の間でも広く知られている。なぜそのようなことが起きるのだろうか。これは、燃費というものの実態を考えてみると当然のことではある。

　実際に自動車を走らせる時には、一定の条件下というわけにはいかない。猛暑の際、エアコンをかけることがあれば、それだけ自動車の消費エネルギーは高くなる。冬は、エンジンの暖まり方も遅くなるため、エネルギー負荷が高くなる。それ以外にも、馬力が必要な勾配のある坂道を走る、1回1回の走行距離が短い、個々人のアクセルの踏み方等、様々な条件によってガソリンの消費状況は変わり、燃費は変動することになる（日本自動車工業会, 2013）[5]。

　こうしたことから、実際に計測した実走行燃費は、図6-3に示すように、計測結果にかなりのばらつきがあり、不安定なものになる。

　燃費計測には国土交通省が規定したルールがあり、自動車会社での燃費計測は、通常シャシー・ダイナモまたはシャシ・ダイナモと呼ばれる装置の上に車両を載せて行われる（図6-4）。シャシー・ダイナモには車両のタイヤが動くようにローラーが装備されており、シャシー・ダイナモ上でエンジンをかけ走

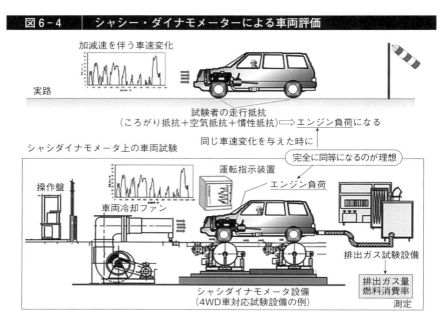

出所：日本自動車輸送技術協会ホームページ（https://www.ataj.or.jp/technology/chdy_technology.html）より

行状態とすることで燃費を計測することを可能とする。いわば実験室で一定の条件下で走行していることになる。燃費計測を一種の実験だと考えるならば、いたしかたない方式であるが、人間で例えるならば、スポーツジムで、ランニング・マシーンの上で走る状態で計測した燃費であり、屋外で路上を走るランニングやマラソンとは同一視できない。事実、カタログ燃費は、実際に消費者が運転した際の実走行燃費とは違う値になり、両者の間には、どうしても乖離が生まれる（日本自動車工業会，2013；2020）。

　よって、燃費計測については国土交通省が規定したルールがあるものの、実際に走行した場合とは乖離があるため、あくまで「目安」との認識がある。そのため、できるだけ消費者に寄り添った計測方法にすべく、計測の規制も変化し続け、2011年には従来の「10・15モード」から実測に近づけた「JC08モード」に規制が変更されていた。また、2015年以降に発生した自動車会社の燃費不正問題を受け、国際的な統一規格「WLTCモード」に移行すること等が検

討され、その後、2018年に義務化された。

　燃費計測に関する規制の変遷が行われる背景には、燃費にはカタログ燃費と実走行燃費という概念が存在すること、カタログ燃費と実走行燃費にはどうしても乖離が発生すること、どのように計測するかは悩ましく、規制も変化し続けているという課題があると言える。しかし、このように、カタログ燃費と実走行燃費の間に乖離がある時、そこに不正行為が入り込む隙間ができる。

◉── 2‐2．燃費の差（消費者への損害）は誤差程度という認識

　燃費が固定化しづらいものであったことは、三菱自動車が燃費不正行為のすべてに対し、消費者に補償金を支払っているものではないことからもわかる。なぜなら、「高速惰行法と国内審査惰行法の差は誤差程度」という主張もあるからである。

　三菱自動車では、燃費不正行為が発覚したのち、実際の燃費と、カタログで謳っていた燃費との差を確認し、乖離があった製品を購入した消費者に対しては補償を行っている。だが、補償の対象は、2010年以降のデータ改ざんを行った自動車等が主なものであり、従前から高速惰行法を用いていたすべての自動車に対しての補償が行われているわけではない[6]。

　それは、高速惰行法で測定した自動車に対し、惰行法での測定を行った結果、惰行法と高速惰行法の差は、完成車抜き取り検査でも起こりうる、誤差の範囲だったということが、記者会見の場では次のように述べられている。

　　「実際、これらの車種を全て正規の惰行法、トライアスという方法でとりまして、それで燃費に対して実際の、正規の方法で取ったときにどれくらいの影響が出てくるのかということを、一応社内で試験を実施しました。その結果としまして、マイナス３％からプラス５％のレンジで、届け出値よりも逆に良くなってるもの、また悪くなってるものございました。ただ、そのプラマイ３％というレベルがどうなのか、という判断になるかと思いますけれど。プラス側に振れてる車については当社の完成車抜き取り検査の状況といったものも確認しまして、その状態では、３から８％くらいの余裕をもってでき

てるので、今世の中に出てる車については、届け出燃費を著しく損なうような状況にはなっていないという判断をしまして、それにつきましては、生産、販売を停止するようなレベルではないと考えております。」（2016年5月18日記者会見）

　不正行為発覚後の惰行法と高速惰行法の比較は、三菱自動車のみならず、国土交通省でもその後、行われているものである。また、第4章第2節の「2-3.従業員によってあえて放置された改善機会」では、「（1）社員の自主的な実験」により、高速惰行法と惰工法の差が5％以内であったことから、高速惰行法に疑問を抱いていた社員も、是正への活動を行わなかったことを指摘した。
　現場の技術者の間では、燃費計測というものは、ある程度の誤差があるものという前提があり、惰行法と高速惰行法の差はその誤差の範囲に属する程度のものだったという認識になったと思われる。

◉───2-3．燃費計測への規制と処罰の曖昧さ

　そして、燃費不正行為が行われたとしても、不正行為が発覚した場合の処罰についても曖昧であった。自動車を販売する際の燃費計測は、国が定めた型式指定審査に従い自動車会社で行った後、国土交通省へ申請することで認証される。国土交通省による型式指定審査があったにもかかわらず、燃費不正行為を行うことが可能だった背景には、型式指定審査の問題もあった（国土交通省，2016）。
　型式指定審査とは、道路運送車両法75条に基づく自動車の審査制度であり、自動車が市場で流通する前に、自動車の保安基準への適合性や均一性について審査されるものである。燃費は保安基準とは関係ないように思われるが、自動車会社には、エネルギーの使用の合理化等に関する法律に従い、型式指定時に、燃費値を表示することも義務付けられていた[7]。ただし、エコカー減税の適用を受けるか否かを除いては、燃費の数値が悪いからといって、不合格になり販売できなくなるものではない。
　判定が合格とされれば、型式指定を受けられ、型式指定を受けた自動車につ

表6-2	国土交通省による燃費不正行為の問題点について

自動車の型式指定審査において、走行抵抗については、一定の気象条件の下で測定する必要があることや複数回にわたり測定する必要があることなど、機構が審査時に全てを測定することが困難であるため、自動車メーカーとの信頼関係を前提にデータの提出を受けていたが、当該データについて妥当性を十分確認しておらず、自動車メーカーが行う走行抵抗の測定現場への立ち会いを行い、自動車メーカーがばらつきを抑えた上で走行抵抗を測定するとの試験法の趣旨に従って社内試験を行っているかどうか確認していなかった。

これら自動車メーカーから提出を受けて試験に使用するデータに関しチェックする仕組みが不十分であったことと、自動車メーカーが社内試験を含め法令で定める試験法の趣旨に従って試験を行っているかの確認が不十分であったことが、今般の走行抵抗値に係るデータの不正について、型式指定審査時にチェックすることができなかった背景にあったものと考えられる。

出所：国土交通省（2016）

いては、新規検査や新規登録時に必要な現車提示というものが省略できる。審査は国および独立行政法人自動車技術総合機構（以下「機構」）が行うとされており、この審査においては、3つのパターンのデータの使用が許されている。

①機構が自ら測定しているデータ
②自動車メーカーから提出を受け、試験の中でその真正さを確認しているデータ
③自動車メーカーから提出を受け、そのまま試験に使用しているデータ

①であれば、第三者機関である機構が自らチェックをして保安基準等を確認するものであり、②であれば、データの信頼性を機構が再度確認するものになる。③は特に何もせず、自動車メーカーのデータを使用する。そして、実際には①や②を行うことはほぼなく、③のパターンで自動車メーカーからのデータをそのまま承認しているというのが慣例だった。**表6-2**は、国土交通省の発表資料からの抜粋である。

つまり、自動車会社からすると、自社内で測定したデータを提出しても、特に検査されることも、事後的に監査を受けることもない。いわば、性善説に従った運用がなされていた。

国土交通省は、2016年に発生した燃費不正行為（当時わかっていたものはスズキと三菱自動車の2社）を防止することを目的として、今後は抜き打ち検査を

行うことや、不正を行った企業への罰則等を設けることを、2016年9月に発表した（国土交通省, 2016）。

2017年には改正道路運送車両法が成立している。型式指定の審査で虚偽報告を行った場合の罰金は、それまで最大30万円だったものが、最大2億円に引き上げられ、経営者らに対する懲役刑も導入された（日本経済新聞, 2017）。金銭面の制裁に留まらず、個人的な刑罰も追加され、会社から逮捕者が出る可能性も生じたことになる。

逆に言えば、それまでは、たとえ虚偽報告が発覚したとしても法人への軽微な罰金しかなかったと言える。そして、発覚する可能性さえ乏しかった。三菱自動車自身も、記者会見において、以下のように、国が燃費不正行為を発見することは難しかっただろうと説明している。

「国は、国の方が走行抵抗を取るということはございませんで、これは届け出資料のなかに、メーカー側が測定をして、提出するものでございます。したがって、国が走行抵抗を取って、自分でやるということはございません。」
（2016年4月20日記者会見）

「国の検査につきましては、我々の方から走行抵抗値というものを出しております。これは、先ほど、○○（筆者注：個人名のため伏せている）の方からご説明しました通り、走行抵抗値をシャシー・ダイナモ、国の燃費試験をする台上で、燃費試験をするシャシー・ダイナモというものがございます。そこにその数値をインプットして、JC08のモード運転をするものですから、その結果は走行抵抗値がインプットされると、必然的にその値で出てくるもんですから、ですからこれ、国の方としては、走行抵抗値が正しいと思ってそれをインプットした結果としては、これはわからないということになりますので。その走行抵抗値に不正があったということですので、国の方としてはわからない状況であったという風に考えております。

国は、国の方が走行抵抗を取るということはございませんで、これは届け出資料のなかに、メーカー側が測定をして、提出するものでございます。したがって、国が走行抵抗を取って、自分でやるということはございません。」

（2016年 4 月26日記者会見）

「制度のですね、国交省に企業が正しい数値を申告することで認証制度が成り立っていうという制度をですね、著しく傷つけたということはですね、私どもにとって大変これは深く反省しなければいけないことだと思っておりまして。これは大変申し訳なく思っておりますし、ほかのメーカーの皆さんにもそういったことでご迷惑をおかけしたってことは、真摯に反省をしております。」（2016年 5 月11日記者会見）

3．技術者の視点

◉──3-1．技術者視点による現行方法の科学的妥当性の判断

　ここまでの確認から、①「燃費は固定化できないグレーゾーンのある指標」であり、②「計測方法による差（消費者への損害）は誤差程度」と認識され、③「不正行為が発覚する危険性に乏しい」ものであり、④「発覚した場合の処罰も曖昧であった」ということがわかった。

　さらに言えば、高速惰行法自体は、米国でも採用されている基準であり、普遍的に「悪い」という方法ではない（欧州では惰行法が用いられている）。このことについて、「いわゆる一般的な不正行為とは違う」と問題提起する例も見られる（中原，2020）[8]。三菱自動車では、米国向けへの車に使用していた高速惰行法を、日本向けの車に適合させるような形で用いるようになっていた。

　上記の①「燃費は固定化できないグレーゾーンのある指標」、②「計測方法による差（消費者への損害）は誤差程度」、③「不正行為が発覚する危険性に乏しい」、④「発覚した場合の処罰も曖昧であった」という事実に加え、⑤「国によっては認められており普遍的な逸脱行為ではない」という事実も付加され

ることになる。これらは総合して、技術者に対し、高速惰行法を用いることに
対し、一定の科学的な妥当性を与えていたとも考えられる。そして、特別調査
委員会のインタビューに対し話したように、「高速惰行法自体は誤っていな
い」という見解につながったのではないかと考える。

　不正行為を行っていた三菱自動車の技術者は、燃費計測について次のように
コメントもしていることは、第4章でも確認した[9]。

　　「惰行法でも、高速惰行法でも、最終的に得られる走行抵抗は、"理論上は"
　　異ならないから、高速惰行法を用いることはそれほど大きな問題ではない。」

　　「実測によるデータは、計測時の外部環境に左右されてしまうため、"理論上
　　は"達成可能であるはずの数値（＝真値）は、実測によるデータより、正し
　　い数値であるといえる。」（特別調査委員会, 2016, pp.218-219）

　これは、特別調査委員会の資料では、「技術者の独善的な考え方」と評価さ
れ、厳しく批判されたが、技術者からすれば、慣習的行為である高速惰行法を
用いることの正しさを信じていたことになる。技術者たちの「実際には問題が
ない」という考え方は他の製造業の不正行為でも散見される。

　例えば、2018年に発生した神戸製鋼（神戸製鋼所, 2018）や三菱マテリアルの
不正行為（三菱マテリアル, 2018）では「トクサイ」という言葉が出てくる。ト
クサイとは「特別採用」の略であり、基本的には「要望された規準には満たな
い製品を、顧客の了承により合格品として出荷する」ということを表すもので
ある[10]。法律用語等ではなく日本の商慣習上用いられる用語だが、上記2社
の不正行為の中には「トクサイ」が顧客の了承を得ないまま、内部的判断のみ
で合格とするように変化していった要因が存在している。これも、内部の技術
者たちが「基準には満たないが問題は起きないだろうし良いだろう」と判断し
ていた事例である。いわば専門部署にいる技術者たちが、自身の専門性に基づ
き、むしろその専門性ゆえに不正行為を改善せずに放置していたのである。

◉── 3-2．組織内で継承される不正行為

　そして、三菱自動車では、第1章の冒頭で確認したように、益子元社長がインタビューで以下のような話をしている。

> 「社内調査で私自身、（燃費不正を起こした）何人もの社員にインタビューをしました。そこで「ああ、そうか」と思ったのは、ある社員にこう言われた時です。「益子さんは、先輩から『これ（燃費の測定方法）はこういうふうにやるんだぞ』と言われて、『それは本当に法規に適合したやり方ですか？間違ってないですか？』と指摘できますか？」と。確かに、先輩にこうするんだと教えられたら普通は聞き返しません。まさか先輩が法規に反したやり方を教えるなんて思わないですから。法規に反したやり方を最初に始めた人がいなければ、この問題は起きていなかったでしょう。当時の人はもう会社にいませんから、どうしてそんなことをしたのか聞くこともできませんでした。」（池松, 2017）

　技術者にとって科学的に妥当であり、合理的であると捉えられた燃費計測の方法は、組織内部では継承され、長期化していた。新人にとってみれば、先輩から教わる当たり前の業務として行われていたことが推測される。

　高速惰行法による燃費不正行為は、③「不正行為が発覚する危険性に乏しい」ことから、発見されることも、特に誰からもとがめられることもなく、脈々と続いて行った。①「燃費は固定化できないグレーゾーンのある指標」であり、②「計測方法による差（消費者への損害）は誤差程度」なので、もちろん問題も起きない。検査というものは、繰り返し行われるものであるから、「行為によって問題がない」という事実は、どんどん積み上げられていく。結果的には、常態化した不正行為は組織内で継承されていった。そして、組織メンバーの新陳代謝も乗り越えることで、組織内で規範化していったと考えられるのである。

　しかし、当たり前のように継承された不正行為は、そこから「もう少しだ

け」と、さらなる逸脱へと踏み込んでしまう可能性がある[11]。

4．組織が直面した課題

◉── 4-1．それまでの計測方法からのさらなる逸脱

　実際に、三菱自動車では、2010年以降にさらなる不正行為に着手する。軽自動車開発におけるデータの改ざんにも及ぶ行為であり、それまでは誤差程度であった燃費計測の結果が、大きく開くようになり、不祥事発覚後には生産を停止し、即座に補償金を支払っている。それまでの誤差程度ではない改ざんでもあったこの不正行為は、業務提携先である日産自動車が不審に思い、発覚したのである。

　第4章第3節では、①軽自動車開発を取り巻く競争環境が激化していたこと、②社内での度重なる計画変更が生じ、燃費が戦略化していたことを指摘した。この点は合理的視点に基づくインセンティブが働いていたとも言える。ただし、燃費が戦略化していたのはどこの企業でも同じである。本節では、その理由として、不正行為が継承化されていたことに加え、競争環境が激化する中、三菱自動車が直面していた組織の課題を考察する。

◉── 4-2．人材不足と資源不足による閉鎖的環境

　まず、燃費不正行為を行った開発部門という組織は、社内でどのような状況に置かれていたかを確認したい。実は、三菱自動車の開発部門は、上述した過去の不祥事の影響から人事的および財源的な課題を多く抱えていた。

　三菱自動車の開発関連の人材は岡崎に集中しているわけだが、本社と開発部門間での人事交流の頻度は非常に乏しく独立した存在であった。組織内での異動も限定的であったことが、特別調査委員会資料でも指摘されている。開発部

門の閉鎖的環境は、2004年のリコール隠し後の役員体制からも見てとれる。

　三菱自動車は2004年の定時株主総会で事業再建計画推進のため三菱グループからの役員派遣を受け入れることを決定したのだが、当該役員たちは三菱商事からの派遣者2名がCSR部門と事業部門の取締役へ、千代田化工建設からの派遣者がCFOに、三菱東京フィナンシャルグループ（現：三菱UFJフィナンシャルグループ）からの派遣者が監査役に就任している。どの人物も開発部門とは縁がなく、たとえ2004年のリコール隠し後のような重大な局面においても、開発部門は外部からの手を入れられることはなく、独立した存在であった。

　開発部門の業務というものはどのような業界でも専門性が高く、容易に異動がしがたいものではあるが、三菱自動車の開発部門が人材不足に陥っていたことも、人事交流の難しさに拍車をかけていたと考えられる。

　例えば、2022年4月現在の代表執行役CFOである三菱自動車の池谷は、2017年のインタビューで「開発人員そのものが不足している」、「とくに2004年、2005年の苦しい時代に開発部門で辞めいった方々の年代が、今、中堅で一番大事な年代になってきて、そこが外部からなかなか採れていない」との内情を話している（小松, 2017）。

　2004年のリコール問題発覚後から燃費不正行為が発覚した2016年までの間に、特別調査委員会資料によれば、開発部門では800人を超える自己都合退職者が出ている（**表6-3**）[12]。特別調査委員会資料では、2004年度の退職者数が351人、2005年度の退職者数が154名と、それ以降の数十名単位に比べて突出しており、退職者の多数がリコール問題を退職の理由にしているものと指摘されている（特別調査委員会, 2016, p.191）。性能実験部においても、2004年度で18人、2005年度で12人と、両年度で合計30名の従業員が退職している。開発部門全体の人材が2,500人前後の推移と考えても、その1/4あまりが10年余りでいなくなっていることになる。慢性的な人材不足に陥っていたと考えるのが妥当であろう。

　もう1つ、開発部門内の財源的な課題も指摘できる。2005年から2015年にかけての三菱自動車の研究開発費の推移を見ると、2005年度はグループ全体で約603億円を研究開発費に充てていたところ、その後は減少、2009年度には約224億円と4割弱の金額にまで減少している（**図6-5**）。その後はやや盛り返していくものの、減少傾向であることは否めない。財源不足はグループ全体の業績

| 表6-3 | 開発部門の自己都合退職者推移数 |

部門区分	2004		2005		2006		2007	
	総数	退職数	総数	退職数	総数	退職数	総数	退職数
開発本部全体	2753	351	2442	154	2383	38	2444	43
車体設計	574	83	430	27	390	7	404	6
車体評価	659	65	580	44	616	7	625	10
パワートレイン設計	230	53	197	16	196	3	228	3
パワートレイン設計実験	492	52	431	36	371	6	359	2
性能実験	188	18	170	12	108	3	112	1

部門区分	2008		2009		2010		2011	
	総数	退職数	総数	退職数	総数	退職数	総数	退職数
開発本部全体	2448	28	2432	33	2371	22	2351	29
車体設計	395	5	401	3	390	7	370	8
車体評価	623	6	587	8	516	5	505	5
パワートレイン設計	235	2	228	3	226	3	236	5
パワートレイン設計実験	367	1	378	5	365		374	2
性能実験	113		119	1	137		143	

部門区分	2012		2013		2014		2015		退職者数合計
	総数	退職数	総数	退職数	総数	退職数	総数	退職数	
開発本部全体	2345	32	2410	28	2431	30	2573	21	809
車体設計	347	8	336	6	327	3	344	2	165
車体評価	505	2	514	3	521	6	539	6	167
パワートレイン設計	227	5	226	5	250	6	257	2	106
パワートレイン設計実験	370	2	368	7	361	6	373	3	122
性能実験	147	1	151	2	246	2	255	2	42

出所：特別調査委員会（2016, p.192）の表に基づき筆者作成

不調と関連している。業績の不調は2008年のリーマン・ショックによる社会全体の影響ももちろんあるが、それ以前のリコール問題による影響が素地にあったと考えられる。2004年はダイムラー・クライスラーから資本提携を解消され、財政面で危機的な状況に陥っている。

　一方で、開発部門で抱える開発車種はやや増加傾向にあった。2005年度には23種類だったものが、2011年度は30種類にまで増加している。2005年度と2011

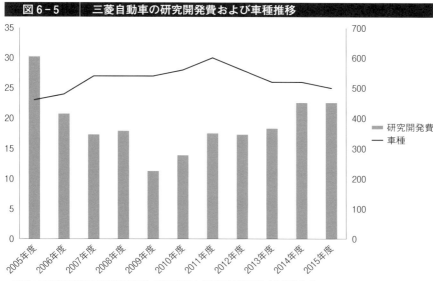

図6-5　三菱自動車の研究開発費および車種推移

出所：三菱自動車の有価証券報告書（2005年度から2015年度）に基づき筆者作成

年度で車数の内訳の比較をしてみると、「軽自動車」は6車種が9車種と1.5倍に増えている。

　車種数だけで開発部門の業務負荷の程度を判断することはできないが、開発プロジェクトがそれだけ増えていることは事実である。人材的、また財源的な余裕も不足する中、開発部門は多数の車種開発を抱えていたと言える[13]。2000年代から2010年代にかけ、三菱自動車の日本国内での販売台数は下降傾向にあり、苦しい状況であった。日本国内での販売台数に関して言えば、2008年度の大幅な減少を受け、2000年代後半は、エコカー補助金等の政府施策に頼らざるを得ず、2010年代に入れば、専ら軽自動車の売れ行きに影響を受けていた（**表6-4**）。

表6-4	三菱自動車の販売台数の推移				
	連結会計年度の販売台数（小売）		日本での販売台数（小売）		有価証券報告書内で日本での販売台数に関し明示された理由を抜粋
	台数（単位・千台）	前年比	台数（単位・千台）	前年比	
2005年度	1,344	2.4			（日本での販売台数説明なし）
2006年度	1,230	-8.5			（日本での販売台数説明なし）
2007年度	1,360	10.6			（日本での販売台数説明なし）
2008年度	1,066	-22.0	168	-23.0	「当年度後半以降の大幅な総需要の減少により」
2009年度	960	-10.0	171	1.0	「エコカー減税・補助金制度による通年の総需要押し上げ効果に加え、本年2月に新型コンパクトSUF『RVR』を発売したことにより」
2010年度	1,105	15.0	164	-4.0	「エコカー補助金制度が2010年9月をもって終了した反動による需要減少に東日本大震災の影響も加わり」
2011年度	1,001	1.0	152	-7.0	「エコカー補助金再開の効果などもあり登録者は前年度を上回ったものの、軽自動車が振るわず」
2012年度	987	-1.0	134	-12.0	「モデル末期となる『ekワゴン』などの軽自動車が振るわず」
2013年度	1,047	6.0	143	7.0	「新型『ekワゴン』、『ekカスタム』に加え、今年2月に発売した『ekスペース』が好調に推移しており」
2014年度	1,090	4.0	115	-20.0	（日本での販売台数に関する特段の理由明示なし）
2015年度	1,048	-4.0	102	-11.0	「登録者は増加したものの、軽自動車で減少し」
2016年度	926	-12.0	80	-22.0	「燃費試験関連問題直後の上期の落ち込みが大きく」

出所：三菱自動車の有価証券報告書（2005年度から2016年度）に基づき筆者作成

◉── 4-3. インテグラル製品かつ高度な専門性

　燃費改善アイテムは多数にわたり、大きくは「慣性重量低減」、「ギヤ比低減」、「走行抵抗低減」に分類される（特別調査委員会, 2016, p.15）。その中でも三菱自動車の燃費不正行為は「走行抵抗低減」の燃費測定に関連して発生した。燃費測定は、開発部門の性能実験部がその役割を担っていた。燃費は他の性能と独立に、単独で向上させられるものではなく、燃費を改善すれば、落ち込む

他の性能も想定され、これをトレードオフの事項（背反事項）と呼ぶ。

この燃費に関する改善とトレードオフの事項（背反事項）があるにもかかわらず、燃費に関しては性能実験部が最も知識を有するということから、性能実験部が燃費性能の改善をとりまとめていた。業務分掌上、明確に定められた行為ではないが、慣習的に行われており、性能実験部が燃費改善アイテムをとりまとめる中で、不正行為が行われていた（特別調査委員会, 2016, p.17）。

自動車開発は1つのプロジェクトとして行われるため、三菱自動車でも責任者であるプロジェクト・マネジャーが存在する。だが、プロジェクト・マネジャーは燃費に関する知識が希薄である。特別調査委員会の調査でも、走行抵抗についてプロジェクト・マネジャー等に質問しても、性能実験部以外の開発担当者は「お恥ずかしながら、走行抵抗については良くわかりません」という回答しか得られなかった（特別調査委員会, 2016, p.212）。慢性的な人員不足もあり、燃費測定に関しては性能実験部にすべてが任されていた。

三菱自動車では商品企画を最上流とし、各実験部署を最下流と位置付けている。つまり、責任を持たされていた性能実験部は開発段階の最下流と位置付けられていた（立場が上、下という意味ではないとされている）（特別調査委員会, 2016, p.217）。

開発の最後の工程でありながら、開発目標が達成するまでには、燃費改善に関し、プロジェクト・マネジャーを含めた幹部に対するレポートを何度も要求されていた（「他にも手があるのではないか」、「性能実験部が考えついていないだけなのではないか」）。

「本来は、開発 PM を中心としたプロジェクト・チームが色んな設計に対して、燃費を上げるんだったらこういう提案をしてきなさい、と案を出してください、それに対してどういったコストがかかるか、そういったもの全部出してくださいと。それをプロジェクト・チームがまとめて、採否を決めていくというやり方が、これが普通のやり方だったんですね。ところが残念ながら、この軽のプロジェクトにおいては、そこがうまく機能していなかった。全てを子会社の性能実験グループといいますか、そこに押し付けてたというのが実態で、それがこういった不正を生み出した原因であろうと考えており

ます。」（2016年5月18日記者会見）[14]

「開発のなかの、部長職のほうからですね、この燃費を何としてでも達成し
ろという風な、やり方はお前ら考えろ、と。極端な言い方をすればですね。
そういうような言動はあったと、いう風には聞いております。」（2016年5月
18日記者会見）

　2000年代のリコール問題以降、品質統括本部に自動車開発の状況を検証する
部署として、技術検証部が設置されていた。技術検証会は事前（と呼ばれる、
いわゆる議題を検討する会議）があり、そこで了解が得られれば会議には出てこ
ない仕組みになっている。ただ、技術検証会も事前も、情報は書類で確認する
だけであり、実質的に実験を実施したり、データを検証するものではなかった
（特別調査委員会，2016，pp.22-23）。
　その他、開発に関する会議には商品会議があり、PXと呼ばれるプロダク
ト・エグゼクティブが、プロジェクト・マネジャーと協力し商品会議をコー
ディネートしていた。商品会議は、aとbがあり、商品会議aは社長、副社長、
統括部門長等が出席、商品会議bは商品戦略本部が主催、本部長クラスが出席
していた。燃費性能に明るいものは出席していなかった（特別調査委員会，
2016，p.24）。
　つまり、①軽自動車開発を取り巻く競争環境が激化し、②社内での度重なる
計画変更や、燃費が戦略化していた中、肝心の燃費のとりまとめを行う部門は、
（A）度重なる不祥事の影響から甚大な人材不足に見舞われ、（B）減少する研
究開発費の中、増加する開発車数と対峙し、（C）統合的な燃費指標を取りま
とめるだけの十分な権能を与えられていなかったことになるのである。

◉── 4-4．本章のまとめ

　本章からは3つの事実が指摘できる。1つ目は、三菱自動車で起きた燃費不
正行為は、それまで三菱自動車が経験してきた、複数の不正行為とは異なる種
類の不正行為であったことである。そのため、過去の度重なる不正行為の経験

から、様々な抑止・発見制度を整備してきた三菱自動車においても、防止することができなかったと考えられる。2つ目は、燃費というのはそもそもグレーゾーンのある指標であり、開発部門の技術者たちにとってみれば、燃費の計測方法の違いは誤差程度と認識されていたことである。技術者たちは、むしろ、科学的な妥当性を感じていたとも言える。国によっては認められる方法であり、普遍的な不正行為でもなかった。3つ目は、技術者たちは、競争環境が激化する中で、種々の資源不足に見舞われ、不十分な権限から、抜本的な燃費改善に取り組むのではなく、データ改ざんによって目標達成を行ったと思われることである。次の第7章ではこれまでの分析から得られた知見をまとめていく。

(1) 三菱自動車のこれまでの不正行為の概要は、三菱自動車ホームページ上の「会社の歴史」（https://www.mitsubishi-motors.com/jp/company/history/company/）によって公開されている情報のほか、齋藤（2007）、特別調査委員会（2016）の記述を参考にしている。
(2) それまでの米国のセクシャル・ハラスメント訴訟上、最大規模となる損害賠償金額を支払うことになったと言われている（齋藤, 2007）。
(3) 旧商法の利益供与等に関する罰則規定に基づく。利益供与等に関する罰則規定は1981年の商法改正で設けられた。1997年の三菱自動車の総会屋問題は、他の有名企業も複数関与しており、社会問題化したことから、事件後の1997年には、さらに改定がなされた（高倉, 2010）。
(4) 政府広報オンライン「自動車の安全性を保つための「リコール制度」皆さんからの不具合情報も活かされます」（https://www.gov-online.go.jp/useful/article/201202/1.html#firsrSection）。
(5) このほかにも、タイヤの空気圧、重量、空気抵抗等も影響があると記されている（日本自動車工業会, 2013; 2020）。
(6) 三菱自動車の燃費不正に関するお客様対応への補償は、「ek シリーズ」と「ek シリーズ以外」で2つに分けられている。「ek シリーズ」は「損害賠償金」を支払うことで対応しているが、「ek シリーズ以外」は「一時金」または「賠償金」として取り扱われている。また、「ek シリーズ以外」は一定の年式・型式に限定される（https://www.mitsubishi-motors.com/important/detailg420_jp/index.html）。
(7) 消費者が燃費性能の比較をできるようにすることで、より燃費性能の良い自動車の普及を促進することが目的とされる。
(8) 中原（2020）は、違法性のある行為の中でも、伝統や慣習によって様々な意味を

持ちうるとして Mayntz（2017）の議論を紹介している。

(9) 2021年に発覚した三菱電機の不正問題の調査報告書でも「『品質に実質的に問題がなければよい』という正当化」がなされていたと、類似の内容の指摘がなされている（調査委員会, 2021）。

(10) 内部で合格すると判断するものに「トクサイ」としている企業もある。

(11) 1999年に起きた東海村 JCO 臨界事故では、少なくとも1993年には手順違反が始まり、違反行為をしても問題が起きないということから、徐々に違反行為が積み上げられ、最終的な事故につながったと指摘されている（岡本, 2007）。

(12) 表中の総数は、2004年度のみ7月1日時点の人員数であり、2005年度以降は4月1日時点の人員数である。

(13) 研究開発費および車種数は2005年度から2015年度までの三菱自動車の有価証券報告書にて発表された情報を参考にしている。有価証券報告書では、研究開発費は「グループ全体の研究開発費（自動車事業）」と記されているものを参考にした。

(14)「開発 PM」の PM とはプロジェクト・マネジャーの略称である。

第 7 章 結論

概要

　本書ではここまで、「なぜ、不正行為が止められないのか」そして、「なぜ、その不正行為は、長期的に継続するのか」という疑問に答えるべく、様々な角度から不正行為に関する分析・考察を行ってきた。本章は、各章から得られた知見をまとめ、結論を述べる終章となる。

　ただし、結論を述べるに先立ち、不正行為に関連する用語が、使用者によって多義的な使われ方をしている実情に鑑み、用語の定義を行いたいと考えている。よって、第1節にて、本書のこれまでの議論を踏まえ、一般的に使用されている不正行為に関連する重要な用語について、改めて定義を行っている。そして、第2節から本書の知見をまとめ、結論を述べている。本書の結論は、第1節で記される定義を行った用語を用いて記述するものである。

1. 用語の定義と各章のまとめ

●──1-1. 本書が示す重要な用語の定義

(1) 不祥事

　不祥事とは、不正行為が公になった社会現象である。不正行為は不祥事を引き起こす可能性のある組織内の法令違反等の行為であるため、両者は区別されるべきである。同じものを指す場合もあるが、指さない場合もある。第5章の不祥事の分類に従えば、主体が「その他」に含まれるものの中には、明確な不正行為が行われていない例も多い。

　ここで1つの例を示す。東芝のビデオデッキを使用した利用者が、ノイズが入っていると東芝に問い合わせをしたことから始まる東芝クレーマー事件と言われる事案がある（前屋, 2000）。結果としてビデオデッキには問題はなかったのだが、利用者は担当者の対応が悪かったと憤慨し、担当者の発言をホームページにアップした。多くの人がその発言を閲覧し、東芝への非難が殺到、東芝の副社長は謝罪することになった。

　この問題の背景として、問い合わせを担当した部署の対応が不適切だったこと、社内で問題が適切に情報共有されなかったこと等があるのだが、この事案において、東芝によって法令違反等の不正行為が行われていたかと言われると、そうではない。

　だが、こういった事案も、不祥事として報道され、取り扱われることがある。その他の例でも、古くは森永のヒ素ミルク事件のように、外部の悪意ある行為者によって行われる事件、事故も存在する。これらもやはり、企業内で不正行為が行われたわけではなく、ある種、企業が被害を受ける立場である場合もあるが、事前の防止策や事後の対処に不十分さがあれば、責任を問われ、不正行為はなかったとしても、不祥事として問題になる可能性は発生してしまう[1]。

表7-1	不祥事の定義例	
組織に重大な不利益をもたらす可能性のある業務上の事件又は事故であって、①その発生が予見可能であったこと、②適当な防止対策（被害軽減対策を含む）が存在したこと、③当該組織による注意義務の違反が重要な要因となったことの三要件を満たすもの。	樋口 (2012, pp.22-23)	
公共の利害に反して、（顧客、株主、地域住民などを中心とした）会や自然環境に重大な不利益をもたらす企業や病院、警察、官庁、NPO等における組織的事象・減少のこと。	間嶋 (2007, p.2)	
企業不祥事とは、会社の役職員による、不正行為または法令もしくは定款に違反する重大な事実、その他公共の利害ないしは社会の規範に反する行為、会社に対する社会の信頼を損なわせるような不名誉で好ましくない事象。	稲葉 (2017, p.42)	
会社が、"社会通念"に照らして、"悪いこと"ないしは"良くないこと"であると判断されるような事柄・事件を起こしたとき、それは"企業不祥事"と呼ばれることとなり、社会から糾弾される。	宮坂 (2009, p.155)	
会社の役職員による、不正の行為または法令もしくは定款に違反する重大な事実、その他会社に対する社会の信頼を損なわせるような不名誉で好ましくない事象をいう。	日本監査役協会 (2009, p.4)	

出所：筆者作成

　不祥事については、研究者や実務家による定義も試みられているが（**表7-1**）、該当するものは非常に多岐にわたる。そのため、不祥事研究を行うのであれば、どこまでの範囲を対象としているのかは明確にすべきである。なお、誤解がなきよう、本書で課題として取り上げているのはあくまで「不正行為に基づく不祥事」であることを指摘しておく。そして、不正行為が何であるかは次に説明する。

(2) 不正行為

　不祥事が様々なものを内包する用語である一方、不正行為とは法令に違反している行為を指す。不正行為の定義を、規範逸脱行為としている例も見られるが（北見, 2010）[2]、規範逸脱としてしまうと、その範囲がかなり漠然とする。なぜなら、規範には、法令等のみならず、組織で定められた慣習的行為も規範として存在する可能性があるからである（規範という用語の本書での定義については後述する）。コンプライアンス違反と定義することも、コンプライアンス違反が何を指すかという議論になり、同様の問題がある。よって、不祥事研究と

図 7 - 1　corruptionの範囲

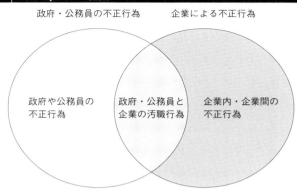

出所：Castro et al. (2020), p.939, Figure.1 より筆者作成

同じように、不正行為研究を行うのであれば、不正行為が何を指しているかを明確にすべきである。本書で分析の対象としている不正行為は、あくまで法令違反行為である。

また、不正行為を表す英単語には、corruption、wrongdoing、deviant behavior 等、様々なものが存在する。このうち、corruption と言うと、日本語では「汚職」を表すイメージが強いかもしれないが、研究においては、公務員との関係によって行われる汚職等の不正行為に限らず、corporate corruption や organizational corruption といった用語によって、企業のより広い不正行為に対し使用されている。その関係を表すと、**図 7 - 1**のようになる（Castro et al., 2020）。

よって、本書で取り扱った不正行為に関する研究についても、原文では corruption という用語が使われているものが多いが、それは、政府や公務員による汚職行為だけでなく、企業による不正行為も含まれているものとなる。もちろん、汚職だけを取り扱っているものもあるが、内容に応じ、「不正行為」の研究群として用いるのが適切である。先行研究を行ううえでは、これらのことを前提として、レビュー対象とすべきである。

(3) 制度

　制度とは、広い意味合いでは、社会で共有される知識の中でも、日常生活での繰り返しによって共有される常識的知識（common sense knowledge）等を指すこともある（Berger & Luckmann, 1967）。そのため、このような意図で「制度」といった場合、形式的に整っていないものを含む場合もあるが、それでは、あまりにも広いものを指すことになる。また、規範との区別がつかなくなる。
　よって、本書においては、社会的に定められた法令、規則、ガイドライン、ならびに当該法令、指針に基づき企業内で構築される社内規定、規則等、何らかの文書化に基づき、仕組みがなされているものを指す際に用いている。

(4) 正統性

　正統性とは、Suchman（1995）の定義である、「社会的に構築された規範、価値観、信念、定義の体系内で、ある主体の行動が望ましい、適切、適切であると一般化された認識または仮定」に従ったものと捉える。英語で言えば、legitimacy である。
　legitimacy については、「正当」の文字が当てられ、「正当性」として使用される例も見るが、本書では「正統性」とする。理由として、正当は、「正当防衛」等、自己の正しさを主張する際に用いられることが多く、英語で言えば、justify や justification 等に該当すると思われるからである。
　不正行為に関して言えば、「本人が自分の行為を正しい、望ましいと考える（justification）」という場面と、「組織で正しい、望ましいと信じられている（legitimacy）」という場面が出てくるが、両者は異なる。これらを区別するためにも、「正当」、「正統」は使い分けている。本書で正当化、正当といった言葉が出てくる場合には、justification を意図しており、正統性、正統という言葉が出てくる場合には、legitimacy を意図している。

（5）規範

　規範とは、所属する社会または組織であるべき姿、なすべき行為として期待されているものを指し、制度のように文書化されているものとは限らない。

　つまり、文書化された制度も規範の１つであるが、明文化されていなくとも、組織内で慣習的に行われ、同様に従うことが期待されている行為や、歴史的に引き継がれてきた行為等も、当該組織に所属する者にとっては規範となりうる場合がある。

　そのため、両者を区別するためには、前者のように明文化された規範は「制度」、「規範」と呼び、後者のような慣習的行為であり明文化された「制度」には至っていないものは単に「規範」と呼ぶことになる。つまり、組織によって規範が異なることも、同じ組織に規範が２つ存在することもありうる。このことは特に、常態化した不正行為を理解するうえで、重要な点である。

　また、規範とは組織によっても変わりうるものである。企業倫理でも「規範」という用語を使用するが、昨今は、企業倫理を実践的に捉えるような提言がなされている（岩田, 2006; 間嶋, 2012）[3]。企業倫理を実践的に捉えるのであれば、規範も複数存在しうると捉えるのが自然である。

（6）検査不正・品質不正

　検査不正は品質不正という言葉が用いられることもある。品質不正という言葉は、2010年代になって特に使用される頻度が高くなった用語である。製造業で発覚した検査不正のような不正行為に対しても、用いられることが多い。類似の用語に品質不良というものがあり、製品に不良が出たことを意味する。だが、検査不正・品質不正が必ずしも不良を発生させるものではない。不良や損害が発生しなかったとして、処罰がほとんどされていないという本書の第５章の分析が示している通りである。これもすでに述べたことだが、取引先が「問題がない」と発表する事例もある（長尾, 2017; 産経新聞, 2017）。

　よって、本書では、社会的に報道される事象については品質不正という用語をそのまま用いているが、品質不良の問題とは区別している。検査不正・品質

不正の問題と、品質不良の問題は異なるため、使用される際は注意されたい[4]。

　以上の用語を用いて、本書の各章をまとめ、それから本書の結論に移る。

◉──── 1-2．各章のまとめ

　本書は、一貫して、不正行為というテーマについて検討してきた。企業倫理論の理論的規範主義では、不正行為は、あるべき姿である「善」とされる規範からの逸脱行為であると捉えられ、いかにその逸脱行為を防ぐかという視点で語られることが多い。企業内で、抑止・防止するための制度も、発展し続けている。実際、企業現場での制度対応への労力は年々増している。それにもかかわらず、不正行為が発生し続けることは、真面目に対応している従業員からすれば、徒労感を感じざるを得ない。

　本書は、これらの事象に対し、不正行為に対する既存の理論や考え方では、うまく説明できていないのではないか、という疑問を抱くところから始まっている。なぜなら、様々な抑止・発見制度が整備された企業でも不正行為は止められず、かつ、長期化している例も数多く見られるからである。

　もちろん、不正行為には、それぞれが抱える様々な背景があることは事実であり、1つの切り口ですべてを説明することが困難であることや、これまでの理論や考え方が適合している事実が確実に存在することも十分に承知している。ただし、不正行為に対するこれまでのアプローチでは見過ごされてきた点について、本書は1つの示唆を与えることができたと考えている。

　以下は、本書における各章の概要および発見事項等をまとめている。

(1)〈第1章〉

　第1章は、様々な制度を駆使した企業でも不正行為が発生し続ける現状に対し、旧来のような、善悪の二分法に頼るような理論では説明ができていないのではないかと指摘し、「なぜ、不正行為を止められないのか」、「なぜ、その不正行為は長期的に継続するのか」という問題意識を提示した。

(2) 〈第2章〉

　第2章は、不正行為を防止するための日本企業の倫理的指針・制度の普及に関し、公刊資料および複数企業8社へのインタビューに基づく分析を行った。倫理的視点・制度の代表であるコンプライアンス制度は、①経団連等の施策に伴う制度的同型化により普及したこと、②型を導入した企業でも防ぐことのできない不正行為が存在したこと、③当該不正行為は、組織的であり処罰が明確でないものであったことが判明した。

(3) 〈第3章〉

　第3章は、第2章で確認したような不正行為の存在を前提としつつも、不正行為に対し、これまでどのような研究が行われてきたかを整理した。多様な分野で行われてきた研究を①「倫理的視点」、②「合理的視点」、③「社会的視点」の3つの視点としてまとめ、それぞれが有する課題を指摘した。

(4) 〈第4章〉

　第4章は、第3章で整理した不正行為を巡る3つの視点は実際に説明力を有するか、自動車会社の燃費不正行為を題材として分析した。結論としては、①「倫理的視点」による善悪の二分法では説明がつかず、インセンティブが生じないため②「合理的視点」でも説明のつかない不正行為が存在し、当該不正行為は③「社会的視点」が想定する管理者起点の不正行為でもないことを指摘した。

(5) 〈第5章〉

　3つの視点でも説明のつかない不正行為はどのような性質を有するのか。第5章は視点を変え、世の中の不祥事を収集・分類することにより、その特徴を見出した。結論としては、「不正会計」、「品質不正」、「検査不正」の3つのカ

テゴリーは、「半数以上で第三者委員会報告書が作成・公表され、他カテゴリーと比べて群を抜いて割合が高く」、「いずれも主体が『組織』であり、処罰が『明確でない』不正行為に分類される」という共通点があることが判明した。

(6)〈第6章〉

　第6章は、再度、燃費不正行為を取り上げ、不正行為の常態化メカニズムを確認した。技術者たちが、燃費計測が抱える課題（固定化できない、計測方法の差が誤差程度、規制と処罰の曖昧さ）から、現行の計測方法に科学的な妥当性を見出すことで、慣習的な不正行為が定着すること、また繰り返されることで長期化することを指摘した。また、慣習的な不正行為は、競争環境が激化する中、資源不足等の組織的課題から、さらなる逸脱へと踏み込んでいく可能性が示唆された。

　次節からは本書全体のまとめと結論に移りたい。

2．組織的な不正行為の常態化

◉───2-1．2つの規範の存在

　本書を振り返れば、第2章では倫理的指針・制度の普及下でも止めることのできなかった不正行為の存在を確認した。第4章では、第3章で整理した不正行為を巡る3つの視点から、燃費不正行為を題材として説明力を確認し、従来の理論では燃費不正行為のような事象に対し、十分な解が与えられないことがわかった。第5章の不祥事の分類では、主体が「組織」であり、不正行為への処罰が「明確でない」という2つの条件が揃った時、不正行為は常態化する可能性が高いということが示唆された。続く第6章では、燃費不正行為に再度ア

図7-2　2つの規範

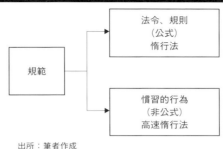

出所：筆者作成

プローチすることで、不正行為のメカニズムを考察してきた。第6章では、そもそもの指標である燃費が抱える課題や、組織が置かれた困難な状況が確認された。

まず着目したいのが、本書で事例とした燃費不正行為では、法令で定められた惰行法とは別に、高速惰行法という慣習的行為が継承されており、ある種、組織で守るべき一種の規範として存在していたことである。それが誤った方法であるという認識さえ持ちえない従業員もいた。そして、新入社員等、高速惰行法しか知らない従業員は無意識的にだが、惰行法も把握している従業員は意識的に、高速惰行法という非公式の規範を優先していた。

本書の第3章では、不正行為に対する3つの視点として、倫理的視点を紹介し、「善悪」の二分法のような世界を前提としているように思われることを指摘したが、現実に行われる燃費不正行為は、二分法で区切られるような世界ではなかった。法令で定められた行為（惰行法による計測）と、技術者たちの中で引き継がれてきた慣習的行為（高速惰行法による計測）による、2つの規範が存在していたのである（図7-2）。

また、慣習的行為は、合理的視点で確認したような、行為者が特段の便益を得るようなものでもなく、社会的視点が想定したような、管理者に命じられたものでもなかった。

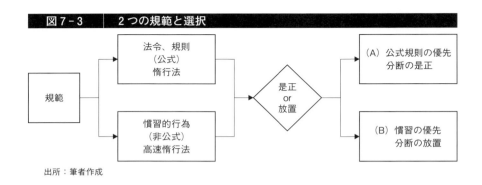

●—— 2-2．慣習的不正行為の定着と常態化

組織の中で、公式規則と慣習的な行為と2つの規範が存在していた事実は、従業員にとっては、公式規則を優先するか、慣習的行為を優先するか、いずれかを選択する立場に立たされていたことになる（図7-3）。

そして、不正行為が常態化するには、行為者が（B）慣習を優先させ、分断を放置することを選択することになる。事実、三菱自動車でも、幾度か、（A）公式規則を優先し、分断を是正することを選択する機会はあったものの、（B）が選択され、不正行為は是正されることなく放置されていた。公式規則の存在を認識しながら、あえて非公式の慣習的行為を優先していた従業員には、違法性への認識が希薄な者がいたことは確認したとおりである。では、なぜ、行為者は（A）ではなく（B）を選択するのであろうか。

第3章で確認した3つの視点で見れば、三菱自動車では倫理的施策が整備され、個人レベルでは改善に向かう活動も見られたが、改善の実現までには至らなかった（倫理的視点）。三菱自動車の燃費不正行為は、2つに分類されるが（第4章、図4-4参照）そのうち1つは、燃費競争が過熱する以前から行われていた（合理的視点）。

また、管理者起点で不正行為を説明する社会的視点に従えば、管理者が指示を行う、または管理者の態度が、行為者の（B）への選択に影響を与えることになるのだが（Maclean & Behnam, 2010）、それは、あまりに組織構成員を受動

的に捉えすぎていることもわかった。不正行為は「権限の濫用（abuse of authority）」とも言われることが多く、トップダウンで指示され、それに抗えない部下たちがいたしかたなく手を染めるような印象が大きい。だが、本書の分析からは、不正行為を優先する要因について、管理者起点によるものではない、行為者に付与された理由があるということが推察された。

事例から読み解けば、三菱自動車の技術者たちが慣習的行為を優先したことは、決して管理者起点で説明されるものではない。慣習的行為である燃費不正行為は、行為者によって、望ましい行為であると信じられていたがために継承されていった行為であった。そしてそれは、燃費計測が技術的な問題であるという特徴にも起因していた。なぜなら、①「燃費は固定化できないグレーゾーンのある指標」であり、②「計測方法による差（消費者への損害）は誤差程度」と認識され、③「不正行為が発覚する危険性に乏しい」ものであり、④「発覚した場合の処罰も曖昧であった」うえに、⑤「国によっては認められており普遍的な逸脱行為ではない」という事実も存在したからである。図7-3に従えば、（A）ではなく、（B）の選択をすることが組織の中で正統性を獲得していたと解釈されるのである。

また、検査不正のような慣習的な行為は、単発で行われるのではなく、繰り返し行われるという特徴がある。そして繰り返される不正行為によって損害が発生せず処罰もされないことは、不正行為が誤っていないという事実も繰り返されることになる。繰り返され、長期化する不正行為によって、組織における正統性は連続的に積み上がっていき、より不正行為を定着させる。つまり、不正行為に正統性が付与されることと、不正行為の常態化はループしている（**図7-4**）。

不正行為がなぜ常態化するのか、ということを問う時、不正行為は、一般的には公式規則から外れた行為であると考えられている（Reason, 1997）。また、公式規則は良いルールであることが前提であり、その良いルールから外れた逸脱行為は、誤ったパフォーマンスや、時には組織事故を生み出すと考える。しかし、燃費検査のような不正行為は、誤ったパフォーマンスを生み出すとは限らず、逸脱の定義も普遍的なものではない。逸脱しているはずの組織慣習に正統性が付与され、結果的に、公式規則と組織慣習の二重性において組織慣習が

図7-4	慣習的不正行為の定着と常態化メカニズム

2つの規範の発生

・公式規則（惰行法）と組織慣習（高速惰行補う）の2つのルールの存在

正統性の付与
組織慣習の優先

・消費者への損害、市場での処罰、技術的問題の消失
・他国で認められた方法

不正行為の常態化

・不正行為の長期化
・さらなる正統性の付与

出所：筆者作成

優先され、不正行為が止められなくなるのである。

　こうして三菱自動車では、燃費性能の走行抵抗の測定に関し、法令で定められた惰行法ではなく高速惰行法を用いるという、組織的な不正行為が常態化していったと考えられるのである。

◉── 2-3．逸脱行為の常態化の議論

　組織内で起きる不正行為は、法令・規則からの逸脱行為とも捉えられる。そして、逸脱行為に関しては、逸脱行為の常態化の議論がある。決められた規則や手順書からの逸脱行為が日常的になることであり、時に組織事故を伴う。古くは、1986年に発生した米国のスペースシャトル、チャレンジャー号の事故に関し、技術的な問題を、技術者たちが受容する中で逸脱行為が常態化したことが指摘された（Vaughan, 1996）。また、逸脱行為が行われる背景には、短絡的な行動や楽観的な思惑のほか、必要に迫られて行う場合もあると指摘される（Reason, 1997）。

　行為者の逸脱行為の背景に、管理者の倫理的問題を指摘するものもあるが（Entwistle & Doering, 2023）、1999年に日本で発生した東海村JCO臨界事故に関して、単なる不注意等のエラーではなく、現場技術者が問題解決行動を行う中で、逸脱行為が組織内で承認されていたことを示すものもある（齋藤, 2005）。

吉野・齋藤（2018）は、逸脱行為が組織内で承認された理由について、現場での柔軟なルールの解釈が影響していた可能性を示唆している。逸脱行為の常態化の議論は、エネルギー系の産業、病院等を対象として行われるものが多いが、他の産業にも広く展開されている（Sedlar et al., 2023, p.293）。

つまり、逸脱行為といっても、その背景は様々であり、意図せざるものもあれば、柔軟に解釈した結果のもの等、決して一様ではない。法令・規則からの逸脱行為である不正行為にも同じことが言える。逸脱行為の常態化の理論では、作業者のスキル等に基づき現場で引き継がれる裏手帳（black book）（Reason & Hobbs, 2003）や、専門家が独自の判断で行う不文律のような行為（unwritten rules）（McDonald et al., 2005）が指摘されているが、本書の分析は、これらの逸脱行為とも区別される不正行為の存在を示している。

◉──2-4．結論

本書は、不正行為への抑止・発見制度が整備された企業であっても、「なぜ、不正行為が止められないのか」そして、「なぜ、その不正行為は、長期的に継続するのか」という問題への解を探るべく、様々な視点・方法からのアプローチを行ってきた。

本書の分析は、燃費不正行為を題材としながら、専門職集団で技術的に継承される、組織的かつ処罰が曖昧な不正行為は、たとえ世の中では不正行為とされるものであっても、組織の中では規範的であり、正統性を付与された行為である場合があることを示した。この場合の不正行為は、行為者自身が不正行為に正統性を見出しており、倫理的な問題でも、合理的理由があるからでもなく、社会的視点が想定していた、管理者起点の不正行為とも異なる。また、不正行為が長期化すればするほど、強固なものとなっていく。なぜなら、「不正行為によって問題が起きない」という結果が繰り返されるほど、その行為が既成事実化し、行為の正統性を高めていくと考えられるからである。そして、長期化し、止められなくなった不正行為は、組織内で常態化し、規範としても強固なものになっていく。

企業で起きる不正行為については、倫理的視点、合理的視点、社会的視点等、

様々な視点から提言がなされ、理論発展も行われてきたが、昨今発生している日本企業の不正行為においては、十分な解を提供できていなかった。それは、特に、日本の強みであるはずの製造業で、検査不正等が発生し続けている問題である。もちろん、業界全体が行っているわけではないが、2021年には三菱電機の検査不正が（調査委員会, 2021）、2022年にはジェネリック医薬品メーカーの製造過程における不正行為が相次いで発覚し（村堀・橋本, 2022）、また同じく2022年には日野自動車の検査不正問題が報道されている（日本経済新聞, 2022）。

本書の発見事項は、様々な抑止・発見制度が整備され、技術的に優秀な企業であっても、不正行為が常態化してしまう可能性があることを示している。なぜなら、たとえ行為者自身に倫理的な問題がなくとも、行為者にとっての特段の利点がなくとも、組織の規範に従った慣習的行為として、不正行為が継承され続けてしまうからであり、技術的な問題だからこそ起きうるのである。これこそが昨今、多くの企業、特に製造業の検査体制等で、組織的に常態化した不正行為が発覚し続けている理由であろう。

3．不正行為のエスカレーション問題

◉──3-1．不正行為のさらなる逸脱

だが、常態化した、いわば慣習的な不正行為（以下、「慣習的不正行為」）は、別の問題もはらんでいる。それは、法令等の制度からも、それまで行ってきた慣習的不正行為からもさらに逸脱し、不正行為がエスカレートしていく可能性である。このことを最後に確認したい。

自動車業界では、2010年代に軽自動車市場における燃費競争が過熱した。デザイン等の多面的な指標で勝ち抜くことが厳しいと判断した三菱自動車では、燃費が競争指標として過剰に注目されることになった。1点の競争指標が過剰

図7-5　常態化した不正行為からのさらなる逸脱

出所：筆者作成

に強調されることは、当該指標を達成すれば手法を問わない気運が生まれやすかったとも考えられる（高橋, 2015）。

そして、燃費の戦略化により幾度もの計画変更が行われる中、三菱自動車の社内で肝心の燃費のとりまとめを行う部門は、（A）度重なる不祥事の影響から甚大な人材不足に見舞われ、（B）減少する研究開発費の中、増加する開発車数と対峙し、（C）統合的な燃費指標を取りまとめるだけの十分な権能を与えられていなかったことがわかっている。

組織的な課題に対峙する中、目標達成をするために、技術者たちは、慣習的不正行為からの逸脱、さらなる不正行為を行うことを試みる。技術者にとってみれば、慣習的不正行為は組織内の規範的行為であり、これまでに問題も生じていない行為だった。ゆえに「組織の規範（慣習的不正行為）からのほんの少しの逸脱」のつもりだったのかもしれない。しかし、そもそもの慣習的不正行為が不正な行為であるわけだから、そこからの逸脱は、結果的には、さらなる逸脱行為へと踏み込むことになってしまったと考えられるのである（図7-5）。

このことは、組織の中で常態化した不正行為を放置してしまえば、競争指標への過度な集中や、組織的な課題に伴う圧力が伴った際、不正行為がエスカレートする問題があることを示唆している。よって、たとえ科学的に妥当であり、市場での問題が起きていなかったとしても、放置して良い問題では決してないと言える。

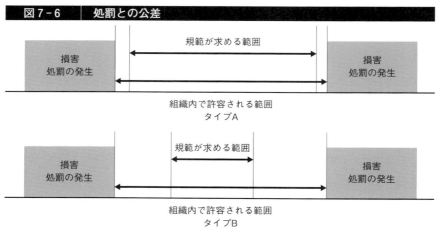

出所：筆者作成

● 3-2. 二分法では取り扱えないグレーゾーンの存在

　本章で考察したのは自動車業界の燃費不正の話であるが、製造業全体で見れば、日本を代表する優秀な企業で、同様の検査に関係する不正行為は実に多く発生している。この時、「なぜそのような優秀な企業で」という意見もあるが、逆に言えば、優秀な企業であるからこそ、発生しているのではないだろうか。
　燃費で言えば、技術者が比較検査を行い、2つの検査手法に差がないがゆえに、不正行為は放置され続けた。検査で妥当性を確認することができなければ、公式規則の正統性は揺らぐこともなかったかもしれない。だが、検査し、定量的に数値で推し量ることができるがゆえに、あえて不正行為を放置する判断ができたとも言えるのである。
　よく製造業の世界では、公差という考え方がある（Byun, 2019）。多数のロットの中から、検査の合格範囲を定めるものである。公式規則から外れた慣習的行為に関しても、この公差的な幅が存在したのではないだろうか。そしてその交差には、損害や処罰のラインと規範が求める範囲が近似するもの、または遠く離れたものといった具合があると想定される（図7-6）。図7-6に従えば、

前者はタイプＡであり、後者はタイプＢとなる。タイプＢであれば、それだけ公差は大きいことになる。そして、規範と当事者間で認知された、許容されるラインの距離感が、不正行為を後押しする。

　本書は、ある種の技術的な行為には、公差のように、技術者によって認知され許容される、グレーゾーンのようなラインが存在するのではないかと考えている。表現が適切ではないかもしれないが、制限速度50kmの道路を60kmで走ったら処罰されるか否か、80kmならどうか、100kmならどうか、その道は果たしてどのような交通量であるか。私たちは法令をもちろん遵守しながらも、何らかの付帯状況を慮りながら、日々、様々な判断を行っている。そして、ふとしたことで認められた行為が、周囲で正統化されていることがあるのではないだろうか。だからこそ、優秀な企業、専門的能力が必要な部門でこそ、この距離感をはかり、不正行為が進むことにつながっているとも考えられるのである。

　組織では、喫緊の課題に応えるため、ぎりぎりの選択を迫られることもある。「今回だけなら大丈夫かな」と少しリスクのある選択をすることもある。だが組織であるがゆえに、その選択が引き継がれ、長期化し、繰り返される中で結果的に常態化していく可能性もある。継承されていく不正行為には、いつ、どのように始まったのかわからないものも多い。最初に始めた人は、特に深い理由はなかったのかも、魔が差しただけなのかもしれないが、結果的には常態化し大きな問題となる。

　こういった行為は、発覚すれば問題にはなるが、当人たちは、特に動機もなく、何かの機会を利用したわけでもなく、脈々と引き継がれた業務を、ただ遂行しているだけかもしれない。だが、いったん法令遵守のタガが外れた中で、市場での競争圧力や資源不足等の付帯条件が相まっていけば、さらなる逸脱へと踏み込んでいく危険性もはらんでいる。

　よって、放置することは決して正しいことではない。そこへ競争圧力や資源不足が重なれば、さらに逸脱してしまう危険性があることは、本書での事例が示している。組織内での継承を止めるべく、是正することが求められるのである。

◉── 3-3．求められる組織活動

　ただし、筆者は、こういった問題に対し、さらなる制度を設けていくことが解決策とは限らないと考える。なぜならば、本書で取り上げたような組織的かつ処罰がされないゆえに常態化した不正行為については、行為者は不正行為であるという認識を持ちえない可能性も高い。この場合、いたずらに制度を増やしたとしても、規範的な行為だと信じている行為者の認識を覆すことはできない。制度を複雑化することが、問題を生むケースもある[5]。

　つまり、本人たちにとって逸脱行為ではない不正行為を止めるためには、単に制度を導入するだけではなく、行為者の認識を変えるような働きかけが重要である。そしてそれは、市場で普及する制度が同型化する中でも十分に可能である。

　実際に筆者が調査した不正行為を起こした企業では、組織内にコンプライアンス制度や内部統制制度を構築するだけでなく、現場を巻き込むような小集団活動を実施している例も見られた。また、ある会社では、人事改革を行い、専門知識が障壁となり消極的だった異動を、積極的に行うようになった。そこには、「おかしい」と思われるような行為が当たり前となってしまっていた現場に、何とかして気づきを与えたいという思惑がある。組織に新しい従業員、または管理者が来ることによって、常態化してしまった不正行為があったとしても、おかしいと気づくことができ、止めることができるのではないか、という考えである。

(1) 行為者への気づき

　第3章では、犯罪学の世界で、組織における不正行為を行う者は、「逸脱者ではなく順応者（Cressy, 1986）」、「心理学的には『普通の人』（Coleman, 1985）」とも言われていることを述べた。この指摘を逆手に取れば、不正行為に手を染めている人に対し、新たな気づきを与えることで、改善につながる可能性も残されている。よく言われる、「自社の常識は世の中の非常識」という

ことに気づく、きっかけづくりである。

例えば、内部監査の世界では3ラインというものが存在する（會澤, 2021）。内部監査と言えば、本社機能の最たるものというイメージがあるかもしれないが、3ラインに従えば、内部監査機能は3番目の役割であり、マネジメント側の1番目、2番目のラインが自律的に統制していく役割も重要である（The institute of internal auditors, 2020）。制度を整備していくことは、本社機能を頑強にすることかもしれないが、常態化した不正行為に対しての突破口は、マネジメント側の機能を活性化させながら、社会化された集団に気づきを与えることではないだろうか[6]。

Weick（1987）は、複雑なシステムが起こす事故に対峙するために、組織内部の多様性が必要であると説く。Weick（1987）が想定したのは高度化したシステム、技術によって生じる複雑な要因の組織事故だが、人が起こしうる不正行為においてもこの考えは通じるところがある。不正行為の防止に対しては、不正行為も多様であることを理解したうえで、さらなる組織活動の選択、多様性が求められるのである。

そして、そのための活動は、決して部分的なものでも、一時的なものでもいけない。実は、不正行為を起こし、多様な活動を実現した企業においても、徐々に活動縮小の危機に直面しているという声が聞かれた。理由は主に2つほどある。1つは問題から時間が経過することにより、「そんなにやらなくても大丈夫なのではないか」という楽観的な思いが醸成されることである。これには、人事上の新陳代謝の問題もある。不正行為があったとしても、10年も経過すれば、当該事実を知る者が徐々に退職していくがゆえに、危機感を抱く者が少なくなるということがある。

もう1つは、不祥事が起きたということ、そしてそれに紐づく積極的な活動を、会社にとって望ましくない事実であると考える人員の増加である。幸運にも何も問題が起きない時期が続けば、ネガティブなイメージのついた活動を大々的に継続することに、かえって難色を示す者も増えていくことがある。

こういった状況が続けば、社内での活動や意識も低下し、特定の部門だけ、または少数の者が孤軍奮闘する事態にもなりかねない。本書で題材としたような技術的な問題に端を発する常態化した不正行為において、少数の者の意見は、

専門家集団の正統性を覆すほどの力には決してなりえないだろう。

(2) 組織デザイン

　組織全体の中で、時間の経過とともに、実質的な問題が起きていない事象に取り組む熱量が下がってしまうことには、どうしても抗えない側面もある。では、その他に方策はないのだろうか。筆者は、そのための組織デザインのあり方として、実質的な組織間の牽制機能が重要だと考える。本書の第4章・第6章で論じた三菱自動車では、燃費測定を行う部門と、本来であれば牽制機能を有する部門、また子会社という、三種の登場人物が存在した。そして、これらの三者は、人事交流を行いながら、実質的には同一の組織のような運用がなされており、牽制が働くような状態ではなかった。

　問題は、実質的には同一の組織であっても、形式的には牽制機能を有する組織が別組織として存在し、牽制するための権能も与えられていたことである。これは、問題が起きないように、組織をつくるという制度的枠組みを優先させた結果である。形式的な枠組み、制度を優先させ、徐々に中身の身体を合わせていくということは、企業現場の諸所で思い当たることがあるであろう。恐らく三菱自動車の燃費測定の問題だけでなく、企業の様々な場所で起こっている事象である。

　だが、身体を合わせていくことが困難になった時、問題が発生する。中身が伴っていないながらも、形式的には組織として存在し、権限が与えられる中で、いわば正統性が付与される可能性があるからである（Ashforth & Gibbs, 1990）。実際には、人材が枯渇して、同一の組織としての運用がなされていたとしても、牽制機能が働いていると形式的には見なされてしまう。大企業の中で、非常に多くの部門が存在し、個々の組織の内情を詳らかにすることが難しい状況では、一層、問題は潜在化してしまうだろう。

　形式的な制度を優先させなければならない状況があったとしても、喫緊で中身を整えていくことが難しいのであれば、正直に枠組みを戻す、または変更するといった英断が必要なのではないだろうか。燃費不正問題であれば、そのうえで、実質的な牽制機能をどう働かせるか、改めて考える必要があった。

常態化してしまった不正行為の防止、改善には、制度を整備するだけでなく、行為者に気づきを与え、問題を発信することを可能とする、一丸となった持続的な活動、そして実質的な牽制機能を伴った組織デザインが求められるだろう。

(3) 組織における意思決定の連鎖

「(1) 行為者への気づき」、「(2) 組織デザイン」の2つは、ともに重要なことではあるが、最後にもう1つ大切なことを提言したい。それは、組織的に常態化した不正行為は、不正行為の行為者の意思だけが問題なのではない、ということである。なぜならば、最終的に「不正行為を行う」という意思決定を行為者が行ったのだとしても、その意思決定に行きつくまでには、いわば、様々な意思決定の連鎖が前提となる。組織というものは、意思決定や実行過程を含めた、集団におけるコミュニケーションとその関係のパターンであると考えられるからだ（Simon, 1977）。また、その意思決定の連鎖には、3つの種類が存在すると筆者は考える。

1つ目は、過去からの連鎖である。本書で分析したように、長年続いている不正行為は、過去の意思決定が脈々と引き継がれている。つまり、過去からの連鎖によって、現在の意思決定が行われている。これを断ち切るには、(1) で述べたように、行為者への気づきが需要となる。2つ目は、横の連鎖である。1つの会社である以上、組織での意思決定は、他部門とも関連している。良い意味では牽制を働かせる機会もあるであろうし、悪い意味では、他部門からの圧力がかかる場合もある。よって、横の連鎖を止める必要もあり、これは(2) で述べた組織デザインが重要となる。

そして、1つ目、2つ目の連鎖を断ち切るには、3つ目の連鎖が要となるはずである。それが上からの連鎖である。いずれの問題であろうと、たとえ気づきがあったとしても、上層部によって「(不正行為をしても) 仕方ない」、「(不正行為をしないことよりも) 目標が大事だ」と判断される雰囲気があれば、不正行為が優先される流れは変わらない。1つ目の連鎖、2つ目の連鎖を断ち切ることもできないし、断ち切ろうと思っても排除されてしまう。一方で、上層部の意識が変われば、上からの連鎖が好循環を巻き起こし、1つ目、2つ目の連

鎖を断ち切る可能性もある。

　本書第2章では、過去に談合を起こしたB社において、社長から営業部門に対し、「コンプライアンス違反をしてまで仕事をとらなくてよい」とのメッセージが伝えられたことを記した。このことは、従業員からは、「トップのメッセージが社員に与える影響は非常に大きい」と捉えられていた。もちろん、不正行為と気づいていない場合には、限定的な効果に留まることは論じてきたとおりだが、行為者に気づきを与えたうえで、上層部の意思が現場へと連鎖して伝わっていくことは、不正行為を止めるうえで、非常に大きな意味を持つであろう。

　常態化した不正行為を止めることの難しさは、これまでの理論でも繰り返し記されているが、必ずや解決策はあるはずであり、今後も光を当てるべく、筆者も研究を続けていきたい。

(1) こういったことは、不祥事化しないまでも、企業活動ではよくある。そして、「企業が人を不快にさせることにより問題となる不祥事は、他者危害原則をおかした場合と異なり、明白な違法・不法行為と言い難いが、時と場合によって大きなスキャンダルになり、マスコミなどに取り上げられることになる」と説明される（中谷, 2007, pp.340-341）。いわば、利害関係者によって構築されるもので、組織不祥事化とも言われる（中原, 2017）。不祥事、不正行為を、メディアや利害関係者による社会的評価から分析していくことも、研究上の重要な課題である（e.g., Breit, 2010; 中原, 2017）。
(2) 北見（2010）は、企業の対策不備によって引き起こされる不祥事と対比する目的で、規範逸脱行動から発生する不祥事があると定義している。
(3) 1990年代後半には、Buchholz & Rosenthal（1996）と Rosenthal & Buchholz（1999）がプラグマティズムの観点から、現代社会において倫理には多様な考え方があることを提言している。つまり、倫理とは理論的規範主義が捉えていたような所与のものではなく、個人が自分と他者との関わりの中から生まれるものだとし、企業倫理を「社会的に（対話的に）構築されるもの」と提言している。
(4) 藤本隆宏の2018年に行われた講演録によれば、検査不正は断じて許されないことではあるが、検査不正による品質不良や事故は報告されていないことからも、検査不正と品質不良は区別するべきであることが指摘されている。また、検査不正問題と製造業の組織能力低下には何ら因果関係がなく、検査不正の発覚と日本の製造業を悲観的に見る姿勢（日本のものづくり現場力が落ちたという考え）にも

懸念が記されている。

(5) 例えば、日本の金融会社による不正行為を研究した事例では（佐藤, 2010）、不祥事を起こしてしまい、規制官庁からの指摘を受けたことへの反省から、内部基準を引き上げていった結果、むしろ、仕組みや基準が行き過ぎてしまい、営業上の内部活動がついていけなくなったことが指摘されている。組織が構築する規準が行き過ぎるゆえに、内部活動とそぐわなくなり、誤った行為につながってしまう事例もある。

(6) 企業のソーシャルイシューの認識によって組織活動の変化が行われることが、小山・谷口（2010）で提言されている。

あとがき

　本書の研究を進めるうえでは、非常に多くの方々からのご支援・ご協力をいただいた。皆様方に、この場を借りて謹んで御礼申し上げたい。

　大学院に入学したばかりの頃を思い返すと、本書のテーマである不正行為に関わる研究がしたいと朧げに考えてはいたものの、自分の問題意識や知識は本当にぼんやりとしたものであった。筆者が一から経営学を学び、博士論文を書き上げ、また、本書を出版することができたのは、ひとえに指導教官の高橋伸夫先生のおかげである。高橋先生からは、論文の書き方だけでなく、研究者、教育者としての姿勢まで、非常に多くのことを学ばせていただいた。そして何より、研究の楽しさを教えていただいた。お忙しい時も、変わらぬご指導をいただいたこと、激励してくださったこと、心より感謝申し上げたい。

　高橋先生からは、博士課程に進学する際、自分が研究したいと思ったことを大事にしてほしい、という趣旨の言葉をいただいたことがある。研究に山あり谷ありは本当で、自分の力に自信が持てない時や、迷った時、先生の言葉を思い出して乗り越えることができた。

　大学院生時代には、高橋先生以外からも、多くの教えをいただいた。筆者が在籍していた大学院では、修士論文や博士論文の進捗を、ワークショップというすべての先生や院生が出席する場で発表している。ワークショップで発表する前日は、とても緊張して胃が痛くなるのだが、おかげで様々な先生からアドバイスをいただくことができた。先生方からの様々なご指導、ご助言には、いつもはっとさせられ、研究の視野を広げることにつながった。ワークショップの場以外でも、研究内容について声をかけていただくこともあり、ふとした会話から着想をいただき、研究が発展したこともある。先生方からすれば、指導のご負担が増えることであるにもかかわらず、このような仕組みを続けていただいていることに、心から感謝申し上げたい。

　大学院修了後、特任助教として勤めさせていただいた東京大学の経営研究セ

ンター（通称「MMRC」）での経験も非常に大きい。MMRC では、毎月コンソーシアムが開かれ、共同研究先である製造業の方々による、様々な発表や意見交換が行われている。在籍当時、コンソーシアムを運営されていた、新宅純二郎先生、朴英元先生、大木清弘先生からは、MMRC の産学連携の活動を通じ、現場を見る目、研究者としての大切な役割を教えていただいた。

　研究へのご助言・ご指導をしてくださり、筆者が影響を受けた先生方は他にもたくさんいらっしゃる。清水剛先生からは、経営学に留まらない学際的な視点でのご指導をいただいた。2021年度の組織学会の研究発表大会では、お忙しい中、筆者の発表にご出席いただき、貴重なご助言をしてくださった。清水先生からいただいた経営学と法学をつなげるご指摘は、研究の１つの転機となった。

　稲水伸行先生には、いつも丁寧に、論文をより良くするための理論的視座をご教示いただいた。研究に対する考え方や、文献に対する姿勢等、稲水先生の知見、着眼点からは、自分では到達することのできない、新たな学びをいただいている。現在も勉強会に参加させていただき、研鑽を積む場をいただいていることも、本当にありがたい。

　高橋先生からご指導いただいた大事なことの１つに、研究内容を論文としてまとめ、学会誌に投稿し続ける、ということがある。本書のうち、第２章の事例は日本経営学会誌に、第４章からの事例は組織科学に投稿したものである。これらの論文の投稿では、査読者また匿名のレフェリーの先生方から貴重なご意見をいただいた。いただくコメントからは、新たな気づきを得ることができ、論文をより一層推敲することができた。査読の過程を通じ、投稿の大切さを心から感じさせていただいた。

　組織科学の投稿は、2022年度に行われた第17回特集論文公募「若手 CFP」に行ったものである。SE は古瀬公博先生にご担当いただいた。古瀬先生は、ご多忙にもかかわらず、大変丁寧に投稿論文に関するご指導・ご助言をしてくださった。レフェリーの方も、若手 CFP ということで、論文をよりよくするためのコメントを沢山してくださった。一貫した主張や、読み手を意識した論文構成について改めて学ぶ、大変貴重な機会となった。

　本書のような研究では、取材先と出会えることも、研究を推進するうえで重

要なことの1つである。矢坂雅充先生、藤本隆宏先生からは、ご助言とともに、貴重な取材先をご紹介いただいた。本書の研究テーマで現場への取材をすることは簡単なことではない。しかし、取材をすることでしかわからないことがある。先生方のご紹介がなければ、研究の内容は非常に限定的なものに留まっていただろう。

　研究の過程では、お名前を挙げさせていただいた以外の先生方からも、本当にたくさんのことを学ばせていただいた。そして、多くの企業・団体の方々に出会い、ご協力をいただいた。忙しい仕事の合間に時間を取り、ご協力してくださることには、本当に感謝しかない。出会った方々のご協力がなければ、決して研究を成し遂げることはできなかった。感謝の気持ちを忘れずに、これからも研究に邁進し、恩返しをさせていただきたい。

　執筆過程では、同じ門下の菊地宏樹先生をはじめとした、大学院時代を通じ共に学び、研鑽を積んできた研究仲間、またMMRCで働くスタッフの方々の存在もとても大切なものだった。皆さんとの何気ない会話の中で気づいたことや、勇気づけられたことが多々あった。2023年4月からは、明治大学商学部に着任し、マネジメントコースの先生方にも大変お世話になっている。周囲の尊敬する方々との関わりが、本書を執筆するうえで、重要な糧となっていることに、改めて感謝を申し上げたい。

　書籍化にあたりお世話になった、千倉書房の岩澤孝様にもお礼を述べさせていただきたい。岩澤さんに初めてお会いしたのは、2021年度の組織学会の研究発表大会である。コロナ禍ということもあり、Zoom開催で行われた中、本書の一部の内容を発表させていただいた。そして、発表後に書籍化のお声かけをいただいた。出版社の方に興味を持っていただけたことが大変うれしく、研究の活力になったことをよく覚えている。清水先生からご助言をいただいた会でもあり、とても思い出深い大会の一つとなった。その学会への発表を決めたことには、高橋先生の存在があり、改めて高橋先生にご指導いただいたことの有難さも感じている。

　本書の研究にあたっては、2021年度に、公益財団法人日本内部監査研究所からの研究助成を、また本書の出版にあたっては、2023年度に、特定非営利活動法人グローバルビジネスリサーチセンター（GBRC）からのGBRC経営図書出

版助成をいただいている。これらの経済的支援があってこそ、本研究を継続し、また本書出版の運びとなったことについても、御礼を記させていただきたい。

　最後に、多くの人たちの支えと、幾つもの偶然的な出会いが重なり、本書を出版する運びとなったこと、研究および執筆を見守り、いつも応援してくれた夫への深い感謝の意を表して締めくくらせていただく。

　2024年3月31日

會澤綾子

初出一覧

　本書には、以下の各論文に基づき、加筆・修正した内容が含まれる。

會澤綾子（2022）「制度導入のもと多様化する組織活動と不正行為—倫理的指針，制度の普及下における事例考察—」『日本経営学会誌』*51*, 18-31.

會澤綾子（2023）「技術的問題における慣習的な不正行為の継承と規範化—三つの視点で見る自動車会社の燃費不正問題—」『組織科学』*57*(2)，4 -18.

参考文献

Abbott, A. (1981). Status and status strain in the professions. *American journal of sociology, 86*(4), 819-835.

Aizawa, A. (2018a). Institutional isomorphism in Japanese firms' compliance activities. *Annals of Business Administrative Science, 17*(2), 57-68.

Aizawa, A. (2018b). Snow Brand Milk crossed the divide between institutional and competitive isomorphism. *Annals of Business Administrative Science, 17*(4), 171-182.

Aizawa, A. (2020). Why fuel economy fraud happened in the Japanese automotive industry? *Annals of Business Administrative Science, 19*(3), 111-125. doi: 10.7880/abas.0200522a

Albrecht, W. S. (1991). Fraud in government entities: The perpetrators and the types of fraud. *Government Finance Review, 7*(6), 27-30.

Allison, G. (1971). Essence of decision: Explaining the Cuban missile crisis. Little, Brown (宮里政玄訳『決定の本質―キューバ・ミサイル危機の分析』中央公論社, 1977年).

Allison, G., & Zelikow, P. (1996). Essence of decision: Explaining the Cuban missile crisis (2nd ed.). Pearson P T R. (漆嶋稔訳『決定の本質―キューバ・ミサイル危機の分析第2版』日経BP, 2016年).

Anand, V., Manz, C. C., & Glick, W. H. (1998). An organizational memory approach to information management. *Academy of Management Review, 23*(4)3, 796-809.

Arendt, H. (1965). *Eichmann in Jerusalem.* Penguin (大久保和郎訳『新版 エルサレムのアイヒマン―悪の陳腐さについての報告』みすず書房, 2017年).

Ashforth, B. E. (2001). *Role transitions in organizational life: An identity-based perspective.* Erlbaum.

Ashforth, B. E., & Anand, V. (2003). The normalization of corruption in organizations. In R. M. Kramer & B. M. Staw (Eds.), *Research in organizational behavior* (vol.25, pp.1-52). JAI Press.

Ashforth, B. E., & Gibbs, B. W. (1990). The double-edge of organizational legitimation. *Organization Science, 1*(2), 177-194.

Ashforth, B. E., & Saks, A. M. (1996). Socialization tactics: Longitudinal effects on newcomer adjustment. *Academy of Management Journal, 39*(1), 149-178.

Ashforth, B. E., & Gioia, S. L., Robinson, S. L., & Trevino, L. K. (2008). Re-viewing organizational corruption. *Academy of Management Review, 33*(3), 670-684.

Ball-Rokeach, S. J. (1972). The legitimization of violence. In J. F. Short, Jr., & M. E. Wolfgang (Eds.), *Collective violence* (pp.101-111). Atherton.

Bandura, A. (1990a). Mechanisms of moral disengagement. In W. Reich (Ed.), *Origins of terrorism: Psychologies, ideologies, theologies, states of mind* (pp.161-191). Cambridge University Press.

Bandura, A. (1990b). Selective activation and disengagement of moral control. *The Journal of Social Issues, 46*(1), 27-46.

Bandura, A. (1999). Moral disengagement in the perpetration of inhumanities. *Personality and Social Psychology Review, 3*(3), 193-209.

Baucus, M. S. (1994). Pressure, opportunity and predisposition: A multivariate model of corporate illegality. *Journal of Management, 20*(4), 699-721.

Berger, P. L. & Luckmann, T. (1967). *The social construction of reality: A treatise in the sociology of knowledge.* Doubleday（山口節郎訳『日常世界の構成』新曜社，1977年）.

Berghoff, H. (2018). "Organised irresponsibility"? The Siemens corruption scandal of the 1990s and 2000s. *Business History, 60*(3), 423-445.

Biswas, M. (2017). Are they efficient in the middle? Using propensity score estimation for modeling middlemen in Indian corporate corruption. *Journal of Business Ethics, 141*(3), 563-586.

Braithwaite, J. (1989). Criminological theory and organizational crime. *Justice Quarterly, 6*(3), 333-358.

Brass, D. J., Butterfield, K. D., & Skaggs, B. C. (1998). Relationships and unethical behavior: A social network perspective. *Academy of Management Review, 23*(1), 14-31.

Breit, E. (2010). On the (re) construction of corruption in the media: A critical discursive approach. *Journal of Business Ethics, 92*(4), 619-635.

Brief, A. P., Buttram, R. T., & Dukerich, J. M. (2001). Collective corruption in the corporate world: Toward a process model. In M. E. Turner (Eds.), *Applied social research, Groups at work: Theory and research* (pp.471-499). Lawrence Erlbaum Associates Publishers.

Buchholz, R. A., & Rosenthal, S. B. (1996). Toward a new understanding of moral pluralism. *Business Ethics Quarterly, 6*(3), 263-275.

Byun, S. (2019). Managing tolerance stack-up through process integration team in steel industry. *Annals of Business Administrative Science, 18*(6), 223-236. doi: 10.7880/abas.0191002a

Carroll, A. B. (1987). In search of the moral manager. *Business Horizons, 30*(2), 7-15.

Carroll, A. B., Brown, J. A., & Buchholtz, A. K. (2017). Business & Society: Ethics, sustainability, and stakeholder management (10[th]ed.). South-Western.

Castro, A., Phillips, N., & Ansari, S. (2020). Corporate corruption: A review and an agenda for future research. *Academy of Management Annals, 14*(2), 935-968.

Clegg, S., Kornberger, M., & Rhodes, C. (2007). Business ethics as practice. *British Journal of Management, 18*(2), 107-122.

Clinard, M. B. (1979). *Illegal corporate behavior.* National Institute of Law Enforcement and Criminal Justice.

Clinard, M. B., & Quinney, R. (1973). *Criminal behavior systems: A typology* (2nd ed.). Holt, Rinehart and Winston.

Coleman, J. W. (1985). *The criminal elite: the sociology of white collar crime.* St. Martin's Press (板倉宏監訳『犯罪（クリミナル）エリート』シュプリンガー・フェアラーク東京, 1996年).

Conklin, J. E. (1977). *"Illegal but not criminal": Business crime in America.* Englewood Cliffs, NJ: Prentice-Hall.

Craft, J. L. (2013). A review of the empirical ethical decision-making literature: 2004-2011. *Journal of Business Ethics, 117*(2) 221-259.

Cressy, D. R. (1953). *Other people's money: Study in the social psychology of embezzlement.* The Free Press.

Cressey, D. R. (1986). Why managers commit fraud. *Australian and New Zealand Journal of Criminology, 19*(4), 195-209.

Cullen, J. B., Victor, B., & Bronson, J. W. (1993). The ethical climate questionnaire: An assessment of its development and validity. *Psychological Reports, 73*(2), 667-674.

Cullen, J. B., Victor, B., & Stephens, C. (1989). An ethical weather report: Assessing the organization's ethical climate. *Organizational Dynamics, 18*(2), 50-62.

DiMaggio, P. J. & Powell, W. W. (1983). The iron cage revisited: Institutional isomorphism and collective rationality in organizational fields. *American Sociological Review, 48*(2), 147-160.

Donaldson, T., & Dunfee, T. W. (1994). Toward a unified conception of business ethics: Integrative social contracts theory. *Academy of Management Review, 19*(2), 252-284.

Dowling, J., & Pfeffer, J. (1975). Organizational legitimacy: Social values and organizational behavior. *Pacific Sociological Review, 18*(1), 122-136.

Earle, J. S., Spicer, A., & Peter, K. S. (2010). The normalization of deviant organizational practices: Wage arrears in Russia, 1991-1998. *Academy of Management Journal, 53*(2), 218-237.

Edmondoson, A. C. (2018). *The fearless organization: Creating psychological safety in the workplace for learning, innovation, and growth.* John Wiley & Sons（野津智子訳『恐れのない組織—「心理的安全性」が学習・イノベーション・成長をもたらす』英治出版，2021年）.

Elsbach, K. D. (2003). Organizational perception management. In Kramer, R. M & B. M. Staw (Eds.), *Research in organizational behavior: Vol.25* (pp.297-332). JAI Press.

Entwistle, T., & Doering, H. (2023). Amoral management and the normalization of deviance: The case of Stafford hospital. *Journal of Business Ethics,* 1 -16.

Fritzche, D. J., & Becker, H. (1984). Linking management behavior to ethical philosophy. *Academy of Management Journal, 27*(1), 166-175.

Frost, J. & Tischer, S. (2014). Unmasking collective corruption: The dynamics of corrupt routines. *European Management Review, 11*(3-4), 191-207.

Gehman, J., Glaser, V. L., Eisenhardt, K. M., Gioia, D., Langley, A., & Corley, K. G. (2018). Finding theory-method fit: A comparison of three qualitative approaches to theory building. *Journal of Management Inquiry, 27*(3), 284-300.

Gioia, D. A., Corley, K. G., & Hamilton, A. L. (2012). Organizational research. *Organizational Research Methods, 16*(1), 15-31.

Glaser, B., & Strauss, A. (1967). *The discovery of grounded theory: Strategies for qualitative research.* Sociology Press.

Greenberg, J. (1998). The cognitive geometry of employee theft: Negotiating "the line" between taking and stealing. In R. W. Griffin, A. O'leary-Kelly & J. M. Collins (Eds.), *Dysfunctional behavior in organizations* (vol.2, pp.147-193). JAI Press.

Greenwood, R., & Hinings, C. R. (1988). Organizational design types, tracks and the dynamics of strategic change. *Organization Studies, 9*(3), 293-316.

Greil, A. L., & Rudy, D. R. (1984). Social cocoons: Encapsulation and identity transformation organizations. *Sociological Inquiry, 54*(3), 260-278.

Hamilton, V. L., & Sanders, J. (1992). Responsibility and risk in organizational crimes of obedience. In B. M. Staw & L. L. Cummings (Eds.), *Research in organizational behavior* (vol.14, pp.49-90). JAI Press.

Hegarty, W. H., & Sims, H. P. (1978). Some determinants of unethical decision behavior: An experiment. *Journal of Applied Psychology, 63*(4), 451-457.

Helin, S., & Sandström, J. (2010). Resisting a corporate code of ethics and the reinforcement of management control. *Organization Studies, 31*(5), 583-604.

Hotten, R. (2015, Dec 10). Volkswagen: The scandal explained. BBC News. Retrieved from https://www.bbc.com/news/business-34324772

Kelman, H. C., & Hamilton, V. (1989). *Crimes of obedience: Toward a social psychology of authority and responsibility.* Yale University Press.

Klitgaard, R. E. (1988). *Controlling corruption.* University of California Press.

Maclean, T., & Behnam, M. (2010). The dangers of decoupling: The relationship between compliance programs, legitimacy perceptions, and institutionalized misconduct. *Academy of Management Journal, 53*(6), 1499-1520.

Martin, K. D., & Cullen, J. B. (2006). Continuities and extensions of ethical climate theory: A meta-analytic review. *Journal of Business Ethics, 69*(2), 175-194.

Mayntz, R. (2017). Illegal markets: Boundaries and interfaces between legality and illegality. In J. Beckert. & M. Dewey. (Eds.) *The architecture of illegal markets:*

Towards an economic sociology of illegality in the economy (pp.37-47). Oxford University Press.

McDonald, R., Waring, J., Harrison, S., Walshe, K., & Boaden, R. (2005). Rules and guidelines in clinical practice: A qualitative study in operating theatres of doctors' and nurses' views. *BMJ Quality & Safety, 14*(4), 290-294.

Meyer, J. W. & Rowan, B. (1977). Institutionalized organizations: Formal structure as myth and ceremony. *American Journal of Sociology, 83*(2), 340-363.

Minor, W. W. (1981). Techniques of neutralization: A reconceptualization and empirical examination. *Journal of Research in Crime and Delinquency, 18*(2), 295-318.

Newman, A., Round, H., Bhatacharya, S., & Roy, A., (2017). Ethical climates in organizations: A review and research agenda. *Business Ethics Quarterly, 27*(4), 475-512.

Oliver, C. (1992). The antecedents of deinstitutionalization. *Organization Studies, 13*(4), 563-588.

Paine, L. S. (1994). Managing for organizational integrity. *Harvard Business Review, 72*(2), 106-117.

Paine, L. S. (1996). *Cases in leadership, ethics, and organizational integrity: A strategic perspective.* McGraw-Hill.

Paine, L. S. (2002). *Value shift: Why companies must merge social and financial imperatives to achieve superior performance.* McGraw-Hill（鈴木主税・塩原通緒訳『バリューシフト —企業倫理の新時代』毎日新聞社，2004年）.

Palmer, D. (2008). Extending the process model of collective corruption. *Research in organizational behavior, 28*, 107-135.

Palmer, D. (2012). *Normal organizational wrongdoing: A critical analysis of theories of misconduct in and by organizations.* Oxford University Press.

Palmer, D. (2013). The new perspectives on organizational wrongdoing. *California Management Review, 56*(1), 5-23.

Palmer, D. (2017). Institution, institution theory and organizational wrongdoing. In R. Greenwood, C. Oliver, T. B. Lawrence & R. E. Meyer (Eds.), *The sage handbook of organizational institutionalism* (2nd ed, pp.737-758). Sage publications.

Palmer, D. A., Smith-Crowe, K., & Greenwood, R. (2016). *Organizational wrongdoing*. Cambridge University Press.

Pertiwi, K. (2018). Contextualizing corruption: A cross-disciplinary approach to studying corruption in organizations. *Administrative Sciences, 8*(2), 1 -19.

Pinto, J., Leana, C. E., & Pil, F. (2008). Corrupt organizations of organizations or corrupt individuals? Two types of organization-level corruption. *Academy of Management Review, 33*(3), 685-709.

Posner, B. Z., & Schmidt, W. H. (1984). Values and the American manager: An update. *California Management Review, 26*(3), 202-216.

Reason, J. (1997). Managing the risks cf organizational accidents. Ashgate（塩見弘監訳，高野研一・佐相邦英訳『組織事故―起こるべくして起こる事故からの脱出』日科技連出版社，1999年）.

Reason, J., & Hobbs, A. (2003). Managing maintenance error: A practical guide. Ashgate（高野研一・佐相邦英・弘津祐子・上野彰訳『保守事故―ヒューマンエラーの未然防止のマネジメント』日科技連出版社，2005年）.

Rose-Ackerman, S. (1978). Corruption: *A study in political economy*. Academic Press.

Rose-Ackerman, S., & Palifka, B. J. (2016). *Corruption and government: Causes, consequences, and reform*. Cambridge University Press.

Rosenthal, S. B., & Buchholz, R. A. (1999). *Rethinking business ethics: A pragmatic approach*. Prentice Hall（岩田浩・石田秀雄・藤井一弘訳『経営倫理学の新構想―プラグマティズムからの提言』文眞堂，2001年）.

Scott, W. R. (1995). *Institutions and organizations*. Sage Publications（河野昭三・板橋慶明訳『制度と組織』税務経理協会，1998年）.

Sedlar, N., Irwin, A., Martin, D., & Roberts, R. (2023). A qualitative systematic review on the application of the normalization of deviance phenomenon within high-risk industries. *Journal of Safety Research, 84*, 290-305.

Sherman, L. W. (1980). Three models of organizational corruption in agencies of social control. *Social Problems, 27*(4), 478-491.

Simon, H. A. (1997). Administrative behavior: A study of decision-making processes in administrative organization (4[th]ed.). Free Press（二村敏子・桑田耕太郎・西脇暢子・

高柳美香・高尾義明訳『新版 経営行動』ダイヤモンド社，2009年).

Stark, A. (1993). What's the matter with business ethics? *Harvard Business Review, 71*(3), 38-48.

Strauss, A., & Corbin, J. (1998). *Basics of qualitative research: Techniques and procedures for developing grounded theory.* Sage Publications.

Suchman, M. C. (1995). Managing legitimacy: Strategic and institutional approaches. *Academy of Management Review, 20*(3), 571-610.

Suddaby, R., Bitektine, A., & Haack, P. (2017). Legitimacy. *Academy of Management Annals, 11*(1), 451-478.

Sutherland, E. H. (1949). *White collar crime.* Dryden Press (平野竜一・井口浩二訳『ホワイト・カラーの犯罪—独占資本と犯罪』岩波書店，1955年).

The institute of internal auditors. (2020). The IIA's three lines model: An update of the three lines of defense (IIA position papers). Retrieved from https://www.theiia.org/globalassets/site/about-us/advocacy/three-lines-model-updated.pdf.

Trevino, L. K., & Nelson, K. A. (2010). *Managing business ethics: Straight talk about how to do it right.* John Wiley & Sons.

Trevino, L. K., & Weaver, G. R. (1994). Business ethics: One field or two? *Business Ethics Quarterly, 4*(2), 113-128.

Trevino, L. K., & Weaver, G. R. (2003). *Managing ethics in business organizations: Social scientific perspectives.* Stanford University Press.

Trevino, L. K., & Youngblood, S. A. (1990). Bad apples in bad barrels: A causal analysis of ethical decision-making behavior. *Journal of Applied Psychology, 75*(4), 378-385.

Trevino, L. K., & Weaver, G. R., & Reynolds, S. J. (2006). Behavioral ethics in organizations: A review. *Journal of Management, 32*(6), 951-990.

Umphress, E. E., & Bingham, J. B. (2011). When employees do bad things for good reasons: Examining unethical pro-organizational behaviors. *Organization Science, 22*(3), 621-640.

Van Maanen, J. (1976). Breaking in: Socialization to work. In R. Dubin (Ed.), *Handbook of work, organization, and society* (pp.67-130). Rand McNally.

Vaughan, D. (1996). *The challenger launch decision: Risky technology, culture, and deviance at NASA.* University of Chicago Press.

Victor, B., & Cullen, J. B. (1988). The organizational bases of ethical work climates. *Administrative Science Quarterly, 33*(1), 101-125.

Walles, C. (1988, Feb 22). What led Beech-Nut down the road to disgrace? *Business Week*, 124-128.

Weaver, G. R., Trevino, L. K., & Cochran, P. L. (1999). Integrated and decoupled corporate social performance: Management commitments, external pressures, and corporate ethics. *Academy of Management Journal, 42*(5), 539-552.

Weick, E. K. (1987). Organizational culture as a source of high reliability. *California Management Review, 29*(2), 112-127.

Westphal, J. D., & Zajac, E. J. (1998). The symbolic management of stockholders: Corporate governance reforms and shareholder reactions. *Administrative Science Quarterly, 43*(1), 127-153.

Westphal, J. D., & Zajac, E. J. (2001). Decoupling policy from practice: The case of stock repurchase programs. *Administrative Science Quarterly, 46*(2), 202-228.

Zucker, L. G. (1977). The role of institutionalization in cultural persistence. *American Sociological Review, 42*(5), 726-743.

Zucker, L. G. (1988). Where do institutional patterns come from? Organizations as actors in social systems. In L. G. Zucker (Ed.), *Institutional patterns and organizations: Culture and environment* (pp.23-49). Ballinger.

會澤綾子 (2019). 「不正行為はなぜ常態化するのか―経営学輪講 Ashforth and Anand (2003)」『赤門マネジメント・レビュー』*18*(5), 203-216.

會澤綾子 (2020). 「正統性の追求が諸刃の剣になるとき―経営学輪講 Ashforth and Gibbs (1990)」『赤門マネジメント・レビュー』*19*(6), 193-204.

會澤綾子 (2021). 「3ラインの第1線を機能させるために」『内部監査』*1*, 43-45.

會澤綾子 (2022). 「制度導入のもと多様化する組織活動と不正行為―倫理的指針、制度の普及下における事例考察―」『日本経営学会誌』*51*, 18-31.

會澤綾子 (2023). 「技術的問題における慣習的な不正行為の継承と規範化―三つの視点で見る自動車会社の燃費不正問題―」『組織科学』*0*(2), 4 -18.

青木英孝 (2015).「コーポレート・ガバナンスと企業不祥事の実証分析」『経営学論集』*86*, 67-77.

青木英孝 (2021).「コーポレート・ガバナンスが企業不祥事に与える影響」『組織科学』*55* (2), 18-30.

池松由香 (2017, Oct 21).「三菱自動車・益子 CEO、「燃費不正事件」を語る」(日経ビジネス 2017年8月21日) Retrieved from https://business.nikkei.com/atcl/report/16/081700 155/081700001/

稲葉陽二 (2017).『企業不祥事はなぜ起きるのか―ソーシャル・キャピタルから読み解く組織風土』中央公論新社.

岩田浩 (2006).「経営倫理学の展開:経営学史的一考察」『大阪産業大学経営論集』*7*(1・2), 65-86.

上西聡子 (2014).「制度的同型化を通じた戦略的リアクション:携帯電話産業における標準に基づいた異種混合の競争 (1979年―2010年)」『九州産業大学経営学会 経営学論集』*25*(2), 25-45.

内田幸隆・杉本一敏 (2023).『刑法総論』有斐閣.

梅津光弘 (2002).『ビジネスの倫理学』加藤尚武・立花隆監修, 丸善出版.

岡本浩一 (2007).「1999年秋―JCO 事故」岡本浩一・今野裕之編著『リスク・マネジメントの心理学　事故・事件から学ぶ』第1章, 新曜社.

菊田幸一 (2016).『犯罪学 八訂版』成文堂.

北見幸一 (2010).『企業社会関係資本と市場評価―不祥事企業分析アプローチ―』学文社.

清武英利 (2013).『しんがり―山一證券最後の12人』講談社.

九頭見和夫 (2010).「ギリシア・ローマ時代の「人魚」像―ヨーロッパにおける「人魚」の原点,「セイレーン」を中心として―」『福島大学 人間発達文化学類論集』*11*, 49-58.

國廣正 (2010).『それでも企業不祥事が起こる理由』日本経済新聞出版社.

國廣正 (2019).『企業不祥事を防ぐ』日本経済新聞出版社.

國廣正・小澤徹夫・五味祐子 (2007).『内部統制とはこういうことだったのか―会社法と金融商品取引法が求めるもの』日本経済新聞出版社.

神戸製鋼所 (2018).「当社グループにおける不適切行為に関する報告書」Retrieved from https://www.kobelco.co.jp/progress/files/20180306_report.pdf

国土交通省 (2016, Sep 16).「自動車の型式指定審査におけるメーカーの不正行為を防止す

るためのタスクフォース　最終とりまとめ」Retrieved from https://www.mlit.go.jp/common/001145947.pdf

国民生活審議会消費者政策部会（2002）.「消費者に信頼される事業者となるために：自主行動基準の指針」.

小坂重吉（1999a）.「連邦量刑ガイドラインの概要とコンプライアンス効果〔上〕」『商事法務』*1537*, 26-31.

小坂重吉（1999b）.「連邦量刑ガイドラインの概要とコンプライアンス効果〔下〕」『商事法務』*1538*, 17-21.

小松哲也（2017, Jan 31）.「三菱自　池谷副社長「開発人員が非常に不足している。いろんな手を打っていきたい」」（Response 2017年1月31日）Retrieved from https://response.jp/article/2017/01/31/289719.html

小山嚴也・谷口勇仁（2010）.「企業におけるソーシャルイシューの認識」『日本経営学会誌』*26*, 15-26.

齋藤憲監修（2007）.『企業不祥事事典―ケーススタディ150』日外選書.

齋藤靖（2005）.「JCO臨界事故のミクロ分析とその限界」『西南学院大学商学論集』*52*(3), 189-224.

佐藤秀典（2010）.「正当性獲得行動のジンマ―損害保険業における近視眼的問題対応」『組織科学』*44*(1), 74-84.

産経新聞（2017, Oct 24）.「北海道新幹線にも問題のアルミ『安全性に問題ない』」Retrieved from https://www.sankei.com/artic.e/20171024-MTLW7JEIM5OLTAVCRQS4C6E27I/

時事ドットコムニュース（2016, May 19）.「【図解・経済】軽自動車の燃費競争推移」Retrieved from https://www.jiji.com/jc/graphics?p=ve_eco_car20160519j-06-w460

澁谷展由・岡田尚人・遠藤元一編（2020）.『第三者委員会報告書30選』商事法務.

清水剛（2002）.「独占禁止法違反に対する制裁の経営効果」『ジュリスト』*1254*, 212-221.

清水剛（2011）.「持続可能な経営とクレーム対応プロセスの構築（2010年全国大会統一論題　新時代のグローバリゼーションと持続可能性）」『国際ビジネス研究』*3*(2), 1-13.

清水剛・朴英元・Hong, P.（2010）.「企業のリスクマネジメントと組織的意思決定：日本の大手自動車会社のケース」『赤門マネジメント・レビュー』*9*(4), 217-242.

スズキ（2016）.「「排出ガス・燃費試験に係る不適切な事案に係る調査指示」に対する国土交通省への報告内容について」Retrieved from https://www.suzuki.co.jp/release/d/201

6 /0531/pdf/0531.pdf

スズキ（2018）.「「燃費及び排出ガスの抜取検査の不正事案を受けた確認の実施等について」に対する国土交通省への報告について」Retrieved from https://www.suzuki.co.jp/release/d/2018/0809/pdf/0809.pdf

鈴木辰治・角野信夫編（2000）.『企業倫理の経営学』ミネルヴァ書房.

大和総研（2006）.「有価証券報告書等虚偽記載に対する課徴金のQ&A」Retrieved from https://www.dir.co.jp/report/research/law-research/securities/06121201securities.pdf

高巌・T. ドナルドソン（1999）.『ビジネスエシックス——企業の市場競争力と倫理法令遵守マネジメント・システム』文眞堂.

高倉史人（2010）.「平成9年（1997）12月商法改正の利益供与等に関する罰則規定の立法過程」『高岡法学』28, 39-63.

高橋伸夫（2010a）.『ダメになる会社——企業はなぜ転落するのか？』ちくま新書.

高橋伸夫（2010b）.「ガバナンスの同型化と経営者の役割」『赤門マネジメント・レビュー』9(5), 295-322.

高橋伸夫（2015）.『経営学で考える』有斐閣.

高橋伸夫（2016）.『経営の再生（第4版）』有斐閣.

田中朋弘（2012）.『文脈としての規範倫理学』ナカニシヤ出版.

田中宏司（1998）.『コンプライアンス経営——倫理綱領の策定と実践』生産性出版.

調査委員会（1998）.「社内調査報告書——いわゆる簿外債務を中心として——」Retrieved from https://kunihiro-law.com/files/open/writing/555d7e5511jn4cpn563ju_pdf.pdf

調査委員会（2021）.「調査報告書（第2報）」Retrieved from https://www.mitsubishielectric.co.jp/news/2021/pdf/1223-b2.pdf

東芝（2015）.「第三者委員会の調査報告書全文の公表及び当社の今後の対応並びに経営責任の明確化についてのお知らせ」Retrieved from https://www.global.toshiba/content/dam/toshiba/migration/corp/irAssets/about/ir/jp/news/20150721_1.pdf

東洋経済オンライン（2011, June 21）.「日産自動車と三菱自動車が軽自動車で合弁設立、2社でシェア20％を目指す」Retrieved from https://toyokeizai.net/articles/-/7246

特別調査委員会（2016）.「燃費不正問題に関する調査報告書」Retrieved from https://www.mitsubishi-motors.com/content/dam/com/ir_jp/pdf/irnews/2016/20160802-02.pdf

長尾亮太（2017, Oct 19）.「神鋼問題でJR西社長「新幹線の安全に問題ない」」（神戸新聞

NEXT) Retrieved from https://www.kobe-np.co.jp/rentoku/sinko/201710/0010655613.shtml

長島・大野・常松法律事務所（2018）.「完成検査における不適切な取扱いに関する調査報告書」.

中谷常二編（2007）.『ビジネス倫理学』晃洋書房.

長門裕介・朱喜哲・岸本充生（2022）.「データビジネスにおける「ELSI」はどこから来て，どこへ行くのか」『研究・技術・計画』*37*(3), 296-309.

中原翔（2017）.「利害関係者が構築する組織不祥事：クレーム、不正改造、急加速」『大阪産業大学経営論集』*18*(1 - 2), 19-33.

中原翔（2020）.「数値化された法的基準が誘発する組織不正：燃費不正の事例研究」『日本情報経営学会誌』*40*(1 - 2), 89-101.

中村瑞穂（1994）.「"企業と社会"の理論と企業倫理」『明大商學論叢』*77*, 103-118.

中村瑞穂（2003）.『企業倫理と企業統治』文眞堂.

日産自動車（2018）.「完成検査における不適切な取扱いへの対応等についてのご報告」Retrieved from https://www.nissan-global.com/PDF/180926-01_01.pdf

日本監査役協会（2009）.「企業不祥事の防止と監査役の役割」Retrieved from https://www.kansa.or.jp/wp-content/uploads/support/ns_031016_01.pdf

日本経済新聞（1991, Sept 21）.「経団連が企業行動憲章：法令遵守など15原則」日本経済新聞, p.5.

日本経済新聞（2002, Oct 16）.「行動憲章厳格化を決定」日本経済新聞, p.5.

日本経済新聞（2017, May 19）.「燃費虚偽申告、罰金 2 億円　改正道路運送車両法が成立」Retrieved from https://www.nikkei.com/nkd/company/article/?DisplayType=1&ng=DGXLASDG19H24_Z10C17A5CR0000&scode=7269&ba=1

日本経済新聞（2018, Aug 9）.「乗用車の半数に波及　排ガス検査問題」Retrieved from https://www.nikkei.com/article/DGXMZO33990680Z00C18A8000000/

日本経済新聞（2019, Mar 13）.「「製造業への信頼揺るがせた」神戸製鋼に罰金 1 億円判決　データ不正巡り立川簡裁」Retrieved from https://www.nikkei.com/article/DGXMZO42400880T10C19A3CC1000/

日本経済新聞（2021, Nov 8）.「東芝の不正会計が時効　刑事責任問えず、経営難にも影響」Retrieved from https://www.nikkei.com/article/DGXZQOUC1908G0Z10C21A6000000/

日本経済新聞（2022, Mar 4）．「日野自動車、排ガスなどデータ不正疑い　緊急会見」Retrieved from: https://www.nikkei.com/article/DGXZQOUC0430J0U2A300C2000000/

日本経済団体連合会（1991）．「経団連企業行動憲章」Retrieved from https://www.keidanren.or.jp/japanese/policy/1991/024.html

日本経済団体連合会（2002a）．「企業行動憲章：実行の手引き（第三版）」Retrieved from http://www.keidanren.or.jp/japanese/policy/cgcb/tebiki3.pdf

日本経済団体連合会（2002b）．「企業不祥事防止への取り組み強化について」Retrieved https://www.keidanren.or.jp/japanese/policy/cgcb/torikumi.html

日本経済団体連合会（2003）．「「企業倫理・企業行動に関するアンケート」トップ向けアンケートの結果概要」Retrieved from https://www.keidanren.or.jp/japanese/policy/2003/006.html

日本経済団体連合会（2005）．「企業倫理・企業行動に関するアンケート集計結果（概要）」Retrieved from https://www.keidanren.or.jp/japanese/policy/2005/100/gaiyo.pdf

日本経済団体連合会（2008）．「企業倫理への取組みに関するアンケート調査結果」Retrieved from https://www.keidanren.or.jp/japanese/policy/2008/006.pdf

日本自動車工業会（2013）．「JAMAGAZINE: Vol 47」Retrieved from https://www.jama.or.jp/library/jamagazine/jamagazine_pdf/201306.pdf

日本自動車工業会（2020a）「軽自動車の使用実態調査報告書」Retrieved from https://www.jama.or.jp/library/invest_analysis/pdf/2019LightCars.pdf

日本自動車工業会（2020b）．「気になる乗用車の燃費：カタログとあなたのクルマの燃費のちがいは？」Retrieved from https://www.jama.or.jp/operation/maintenance/pdf/jitsunenpi.pdf

日本取引所自主規制法人（2016）．「上場企業における不祥事対応のプリンシプル」Retrieved from https://www.jpx.co.jp/regulation/listing/principle/index.html

日本弁護士連合会（2010）．「企業等不祥事における第三者委員会ガイドライン」Retrieved from https://www.nichibenren.or.jp/library/ja/opinion/report/data/100715_2.pdf

波多野敏（2001）．「一九世紀末フランスの犯罪学における「社会」」『法政論集』*186*, 241-292.

樋口晴彦（2012）．『組織不祥事研究―組織不祥事を引き起こす潜在的原因の解明』白桃書房.

樋口耕一（2020）．『社会調査のための計量テキスト分析―内容分析の継承と発展を目指して

（第 2 版)』ナカニシヤ出版.

藤本隆宏（2004).『日本のもの造り哲学』日本経済新聞社.

前屋毅（2000).『全証言東芝クレーマー事件』小学館文庫.

間嶋崇（2007).『組織不祥事―組織文化論による分析』文眞堂.

間嶋崇（2012).「経営倫理の実践的転回とその課題」『専修マネジメント・ジャーナル』2(1),
1-10.

間嶋崇（2013, Mar 15).『組織の不祥事―倫理研究の現在と未来』企業不祥事研究会.日本
大学法学部講演.

マツダ（2018).「完成検査時の燃費および排出ガス測定に関する国土交通省への調査報告に
ついて」Retrieved from https://newsroom.mazda.com/ja/publicity/release/2018/2018
08/180809a.pdf

松原英世（2014).『刑事制度の周縁―刑事制度のあり方を探る―』成文堂.

丸山尚文（2013, Aug 4).「「フィット HV」でトヨタを追撃するホンダホンダが新型 HV 投
入、止まらぬ低燃費争い」（週刊東洋経済2013年 8 月 4 日）Retrieved from https://
toyokeizai.net/articles/-/16803?page=3

三菱自動車工業（2005-2019).「アニュアルレポート」.

三菱自動車工業（2000-2023).「有価証券報告書」.

三菱マテリアル（2018).「当社子会社における不適合品に関する特別調査委員会最終報告に
ついて」Retrieved from https://www.mmc.co.jp/corporate/ja/news/press/2018/
pdf/18-0328a.pdf

宮坂純一（2009).『道徳的主体としての現代企業―何故に、企業不祥事が繰り返されるの
か』晃洋書房.

村堀等・橋本真爾（2022).「【詳しく】製薬会社の行政処分相次ぐメーカーに何が？」（NHK
NEWS WEB）Retrieved from https://www3.nhk.or.jp/news/html/20220217/k1001348
2541000.html

安冨潔（2019).『刑事法実務の基礎知識：特別刑法入門 2 』慶應義塾大学出版会.

安冨潔（2020).『刑事法実務の基礎知識：特別刑法入門 1 （第 2 版)』慶應義塾大学出版会.

安冨潔（2021).『刑事訴訟法講義』慶應義塾大学出版会.

山田敏之・中野千秋・福永昌彦（2015).「組織の倫理風土の定量的測定」『日本経営倫理学
会誌』22, 237-251.

山田敏之・中野千秋・福永昌彦（2020）．「組織の倫理風土と非倫理的行為：日本企業における実証研究」『日本経営倫理学会誌』*27*, 187-203.

ヤマハ発動機（2018）．「燃費及び排出ガスの抜取検査における不正事案に関する調査報告」Retrieved from https://global.yamaha-motor.com/jp/news/2018/0809/pdf/supplement-1.pdf

吉開多一・緑大輔・設楽あづさ・國井恒志（2023）．『基本刑事訴訟法Ⅰ手続理解編』日本評論社．

吉野直・齋藤靖（2018）．「高リスク組織とルール—安全管理研究のアジェンダ再考」『組織科学』*51*(3), 19-30.

読売新聞（1987a, Mar 28）．「ココム規制の電子機器：中国に不正輸出」読売新聞，p.23.

読売新聞（1987b, July 15）．「新たな対応策の検討：東芝新社長「事件」で陳謝」読売新聞，p.7.

事項索引

数字

10・15モード　126
3ライン　163

B

Beech-Nut　39, 50
black book　157

C

corporate corruption　147
corruption　39, 44, 84, 147
CSR　20, 61, 135

D

deviant behavior　147

J

JC08　70, 126, 130
JCO臨界事故　142, 156
J-SOX　14
justify　148
justification　49, 148

K

KH Coder　70-72

L

legitimacy　148

M

mindless　44, 48, 76, 80, 82, 84-85, 124

N

NMKV　62, 69-70, 86-87

O

organizational corruption　84, 147

R

RV（レクリエーショナルビークル）車　55

S

SDGs　20

T

TOPIX500　91, 93, 108

U

unwritten rules　157

W

WLTCモード　126
wrongdoing　44, 50, 147

ア

アニュアルレポート　59, 71-72
アプリオリ　34
アリソンモデル　86
逸脱行為の常態化　156-157
逸脱者　38, 162
意図的不祥事　108
違法配当罪　99-100
裏手帳　157
運輸省　121
エコカー減税　69, 128, 138
エコカー補助金　137-138
エンロン　40, 110
応用倫理学　31
オリンパス　109

カ

会社法　3, 14, 20, 100, 112
改正道路運送車両法　130
外部構成員　45, 47, 50
外務省　64
型式指定審査　57-58, 77-79, 81, 128-129
カタログ燃費　124-127
可罰的違法性　98, 109
慣習的不正行為　154, 156, 158-159
完成車抜き取り検査　54, 127
管理者起点　45, 81-82, 84-85, 151, 154-155, 157
企業倫理委員会　15-16, 27, 61, 66
企業倫理論　4, 31, 150
企業行動憲章　18-19, 26
企業社会論　31
企業の社会的責任　32
規範的概念　32, 34

規範（的）倫理学　4，32，34
規範的同型化　21
キューバ危機　86
共起分析　72
行政調査　99-100
強制的同型化　21
業務上横領罪　97
業務上過失致死傷　121，123
ギリシア神話　42，50
緊急逮捕　112
緊急避難　109
金融商品取引法　3，14，20，100，112
クオリティ・チェック・ゲート　61
クライスラー　62，117，136
クラッチハウジング　121
クランクシャフト・オイルシール問題　62
グレーゾーン　124，131，133，147，155，160-161
クローズド・インテグラル・アーキテクチャ　54
経営倫理実践研究センター（BERC）　20
経験の概念　32，34
刑事責任　6
軽トールワゴン　70
景品表示法（景表法）　98
刑法　38，93，97-100，106，109，112，121，123
権限の濫用　155
現行犯逮捕　92，112
検察庁　99
検査・犯則調査　99-100
検査不正　iv，4，21，23，27，54，94-95，97-100，103-107，110-111，116，149，151，155，158，166
公差　160-161
公式規則　83，154-156，159-160
構成要件　49，93，106，109
高速惰行法　57，65-66，74-81，83，127-128，131-133，153-154，156
コーディング化　60
神戸製鋼　6，102，132
合理化されたイデオロギー　42
コーポレート・ガバナンス　3，62-64
コーポレート・ガバナンス・コード　3，14，26
国税（局）　97，99，100，106
国民生活審議会　19
ココム事件　14
古典派犯罪学　36
コンプライアンス・アンケート　66，74-75，82
コンプライアンス委員会　17，23-24，28
コンプライアンス制度　3，12-18，20-22，24-27，30，151，162

コンプライアンス・プログラム　14，25-26，45-47，50，83

シーメンス　109
事故の不祥事　108
ジェネリック医薬品　4，158
自主行動基準　19
自然人　113
下請代金支払遅延等防止法（下請法）　94，97-98，103-104，110
実行の手引き　18-19，26
自動車技術総合機構　129
指名委員会等設置会社　62-63，86
社会化　40，42-44，76，78-82，107，163
社会的アイデンティティ　42
社会的責任　32-33
社会的な繭　43-44
社外取締役　3，23，27
社内監査役　3，63-64，135
シャシー・ダイナモ（シャシ・ダイナモ）　57，125-126，130
集合的解釈　39
集合的不正行為　39
順応者　38，162
商業倫理　31
証券取引等監視委員会　99-100
証券取引法　3，20
常識の知識　148
小集団活動　23，25，27-28，162
小集団活動実施型　23
上場会社　3，8，14
商品情報連絡書　121
商法　3，20，99，118，122，141
情報漏洩　94，97，103-104，110
消費者庁　19
新人提言書発表会　65，74-75，82
スズキ　53-54，69-71，129
ステルスマーケティング　95
スバル　53-54
政治的プロセス　87
正当業務行為　109
正当性　148
正当化　35-36，39-40，49，78，80，142，148
正統性の分断　46
正統性認知の不協和　47，83
正当防衛　109，148
制度化　39-41，44-45，47，76-79，81-82

事項索引

制度整備型　21, 23, 25
制度的同型化　9 , 11, 17, 20-21, 24, 26, 30, 151
性能実験部　58-59, 66, 73, 77-78, 81, 135, 138-139
性能統括グループ　65
セイレーン　42, 50
セクシャル・ハラスメント問題　117, 122
専門職集団　84, 157
総会屋問題　117-118, 122, 141
走行抵抗　57, 65, 78-81, 126, 129-130, 132, 138-139, 156
ソーシャルイシュー　167
組織慣習　155-156, 159
組織事故　155-156, 163
組織デザイン　164-165
組織不祥事化　166

大気浄化法　53
対共産圏輸出統制委員会（COCOM）　13
第三者委員会報告書格付け委員会　109
ダイムラー（ダイムラー・クライスラー）　62-63, 136
対象基準　32-33
ダイヤモンド・スター・モーターズ（DSM）　117
大和銀行　97
惰行法　57, 65, 75, 77-78, 80, 86, 127-128, 131-132, 153-154, 156, 159
談合決別宣言　110
探索的分析　86
チャレンジ　67
チャレンジャー号　156
注意勧告　99
懲役刑　130
千代田化工建設　135
通常逮捕　112
低排出ガス車認定制度　69
データ改ざん　6 , 58, 76, 123, 127, 141
テキストマイニング　70-71
東京証券取引所　3 , 91, 108
東芝　3 , 6 , 13-14, 67, 145
東芝クレーマー事件　145
東証株価指数（Tokyo stock price index）　91
道徳哲学　32
道路運送車両法　100, 128, 130
道路運送車両法違反　121, 123
トクサイ（特別採用）　132, 142
独占禁止法　99-100, 109
特別刑法　112
特別調査委員会　57-61, 64-65, 67-68, 70, 73, 75, 77,

79-81, 86, 132, 134-136, 138-141
トレードオフの事項（背反事項）　139

内部監査　3 , 14, 17, 27, 163
内部監査部門　3
内部構成員　47, 50
内部統制システム　3 , 20
内部統制制度　14, 162
内部統制報告書　3 , 14, 20
内部統制報告制度　3
西日本三菱自動車販売　56
日産自動車　53-54, 57, 62, 69-70, 86, 134
二分法　4 , 6 , 12, 31, 34, 150-151, 153, 160
日本経営倫理学会　20
日本経営倫理士協会　20
日本経済団体連合会（経団連）　15-16, 18-20, 118, 151
日本航空機製造　64
日本取引所自主規制法人　102
日本弁護士連合会　102
認証試験グループ　58-59, 65, 79
燃費改善アイテム　58, 138-139
燃費競争　69-71, 75, 154, 158
燃費不正　5 , 84, 86, 133, 141, 160
燃費不正行為　5 , 8 , 53-62, 65-68, 73-76, 80, 82-86, 90-91, 97, 99, 101, 104, 108, 116-117, 123-124, 127-130, 133-135, 138, 140, 151-155, 157
燃費不正問題　iii, 4 - 5 , 8 - 9 , 57, 62, 84, 86, 122, 126, 164, 173

ハーバード・ビジネス・スクール　31
パジェロ　55, 79
罰金　6 , 50, 97, 99-100, 112-113, 130
半構造化インタビュー　7 , 12, 17
犯罪学　36-38, 49, 162
犯則調査　99-100
犯則調査権限　113
東日本三菱自動車販売　56
ヒ素ミルク事件　145
日野自動車　158
品質不正　21, 23, 27, 39, 94-95, 97-98, 102-107, 110-111, 116, 149, 151
フォルクスワーゲン　53-54, 84
フォレンジック調査　86
不祥事化　96, 166
不正会計　3 , 6 , 21-22, 27, 35, 67, 94-95, 97-100, 103-104, 106-107, 109-110, 116, 151

不正競争防止法違反　6
不正行為の常態化　9，45，107，115，152，155-156，159
不正行為排除型　22-23，25
不正のトライアングル　35-36，49
不当利得　93-95，97，103-105，110
不適切行為　54，94-95，97，103-104，110
プライス・ウォーターハウス　14
プラグマティズム　37，166
プロジェクト・マネジャー（PM）　139-140，142
プロダクト・エグゼクティブ（PX）　140
フロントハブ　120
分化的接触理論　37
米国環境保護庁　53-54
米国雇用機会均等委員会（EEOC）　117-118
法人処罰の議論　98
法律の効果　98，109
ホロコースト　41
ホワイトカラー犯罪　37-38
本田技研工業（ホンダ）　56，69，86

マツダ　54
水菱プラスチック　56
三菱自動車　ⅲ，5，8，53-71，73-77，79-82，84，86，90，116-118，120-124，127-135，137-142，154-156，158-159，164
三菱自動車エンジニアリング　56，77，79-81
三菱自動車販売　56，64
三菱自動車ファイナンス　56
三菱自動車ロジテクノ　56
三菱重工　55，63-64
三菱商事　62-64，135
三菱電機　142，158
三菱東京フィナンシャルグループ　135

三菱ふそうトラック・バス　120
三菱マテリアル　132
ミツビシ・モーター・マニュファクチュアリング・オブ・アメリカ（MMMA）　117
身分犯　38，49
模倣的同型化　21

山一證券　101-102，109
ヤミ改修　121，123
有価証券報告書　55-56，62-64，99，137-138，142
有価証券報告書虚偽記載罪　99-100

リーダーシップ　33-34，41，79，81
リーマン・ショック　136
利害関係者　108，166
リコール制度　119，141
リコール問題　61-63，117-118，122-124，135-136，140
理論的規範主義　4，6，31，150，166
両罰規定　98，113
倫理基準　32-33
倫理の意思決定　33，49
倫理の行為　30-31，33，48，85
倫理の指針・制度　ⅲ，7-9，11-13，16-17，20，30，52，62，64，66，85，151-152
倫理の風土　32-34，84
連邦食品・医薬品・化粧品法　50
連邦量刑ガイドライン　13，25
労務問題　94-95，97，103-104，110-111

ワールドコム　110

著者略歴

會澤綾子（あいざわ・あやこ）

明治大学商学部専任講師

東京大学大学院経済学研究科博士課程単位取得満期退学、博士（経営学）。

東京大学大学院経済学研究科経営研究センター特任助教を経て、現職。

主著として「制度導入のもと多様化する組織活動と不正行為－倫理的指針，制度の普及下における事例考察―」（『日本経営学会誌』*51*, 18-31頁・2022年）、「技術的問題における慣習的な不正行為の継承と規範化―三つの視点で見る自動車会社の燃費不正問題―」（『組織科学』*57*(2), 4-18頁・2023年）、"Perception of Crisis and Ambidexterity for Innovation: Multiple Case Study Analysis of Japanese Firms." (*Ambidextrous Global Strategy in the Era of Digital Transformation*, pp.209-230. 共著・2022年) などほか多数。

組織的な不正行為の常態化メカニズム
なぜ、不正行為は止められないのか

2024年8月31日 初版第1刷発行
2025年2月1日 初版第2刷発行

著　者　　**會澤綾子**

発行者　　千倉成示
発行所　　**株式会社 千倉書房**
　　　　　〒104-0031 東京都中央区京橋3丁目7番1号
　　　　　電話 03-3528-6901（代表）
　　　　　https://www.chikura.co.jp/

印刷・製本　精文堂印刷株式会社

© AIZAWA Ayako 2024　Printed in Japan〈検印省略〉
ISBN 978-4-8051-1323-3 C3034

乱丁・落丁本はお取り替えいたします

JCOPY ＜（一社）出版者著作権管理機構 委託出版物＞
本書のコピー、スキャン、デジタル化など無断複写は著作権法上での例外を除き禁じら
れています。複写される場合は、そのつど事前に（一社）出版者著作権管理機構（電話
03-5244-5088、FAX 03-5244-5089、e-mail: info@jcopy.or.jp）の許諾を得てください。
また、本書を代行業者などの第三者に依頼してスキャンやデジタル化することは、たと
え個人や家庭内での利用であっても一切認められておりません。